Patric P. Kutscher

Helmut Seßler

Kommunikation – Erfolgsfaktor in der Medizin

Teamführung, Patientengespräch, Networking & Selbstmarketing

Patric P. Kutscher
MasterClass Education, Mannheim, Germany

Helmut Seßler
INtem Trainergruppe Seßler & Partner GmbH, Mannheim, Germany

ISBN 978-3-662-53318-5   978-3-662-53319-2 (eBook)
DOI 10.1007/978-3-662-53319-2

Die Deutsche Nationalbibliothek verzeichnet diese Publikation in der Deutschen Nationalbibliografie; detaillierte bibliografische Daten sind im Internet über http://dnb.d-nb.de abrufbar.

Springer
© Springer-Verlag Berlin Heidelberg 2007, 2017

Umschlaggestaltung: deblik Berlin
Fotonachweis Umschlag: © Troels Graugaard/istockphoto.com, ID: 22723201

Gedruckt auf säurefreiem und chlorfrei gebleichtem Papier

Springer ist Teil von Springer Nature
Die eingetragene Gesellschaft ist Springer-Verlag GmbH Berlin Heidelberg

»Ärzte sind heute auch Führungskräfte und Manager. Da ist es sinnvoll, ein differenziertes Repertoire an kommunikativen Strategien zu nutzen. In den USA hat man das längst
erkannt und geht schon bei der Ausbildung darauf ein. Wer gut kommuniziert, strahlt
Kompetenz und Glaubwürdigkeit aus. Das sollte ein Mediziner können.«

Sara Nachama 

Gründungsdekan und Vizedirektorin
Touro College Berlin
www.touroberlin.de

Geleitwort

Aktuell erfolgt die Beurteilung des deutschen Gesundheitssystems nahezu ausschließlich über ökonomische Aspekte. Was aber geschieht im System selbst? Was will eigentlich der Patient? Sind die vier Millionen Beschäftigten zufrieden mit ihrer Arbeit, glücklich, motiviert?

In kaum einer Branche spielt die Kommunikation eine derart große Rolle wie im Krankenhaus, in Artzpraxen, in Rehabilitationskliniken und auch in Heimen und Hospizen. Nach welchen Kriterien wird eigentlich die häusliche Krankenpflege beurteilt?

Persönlich skeptisch gegenüber Beratungsleistungen, enttäuscht von Theorien über flache Hierarchien in Großbetrieben, von Supervisionen, war ich gegenüber den Aktivitäten von Herrn Patric P. Kutscher und seinem Team zunächst skeptisch.

Anschließend hat er uns alle überzeugt: Krankenhausmitarbeiter benötigen Kommunikationserfahrung, die nicht dem Zufall überlassen werden darf. Ärzte, Krankenpflegekräfte, Physiotherapeuten, Medizinisch-technische Assistenten, Klinikdirektoren und die Spitzen der Administration genossen den Unterricht: im Klinikalltag wurde und wird es spürbar.

Der deutsche Kommunikationspreis, verliehen auf der Didactica 2006, war sichtbares Zeichen und weitere Motivation für unser Team.

Das Buch von Patric P. Kutscher und Helmut Seßler war längst überfällig, die Lektüre ein Genuss. Vom Einstellungs- bis zum Kündigungsgespräch gibt es konkrete Handlungsempfehlungen, gespickt mit Hinweisen und Zitaten.

Auch wenn meine persönliche Prämisse *»Es gibt keine Hindernisse für den, der ernstlich will«* noch keinen Eingang in die erste Auflage gefunden hat, so kann ich die Lektüre des Buches nur dringend empfehlen. Ich bin sicher; manches in Ihrem Umgang mit Vorgesetzten, Kollegen, Mitarbeitern, Mit-Patienten und auch im familiären Umfeld wird sich verändern.

Viel Spaß bei der Lektüre!

Professor Dr. med. Axel Ekkernkamp
Geschäftsführer und Ärztlicher Direktor
Unfallkrankenhaus Berlin (ukb)

Berlin, im Oktober 2006

Geleitwort

Womit können Krankenhäuser und Arztpraxen heutzutage Patienten akquirieren? Sicher mit exzellent ausgebildeten Ärzten, großem Engagement aller Mitarbeiter und modernster Technik. Wird es allerdings im 21. Jahrhundert ausreichen, sich kommod auf dem wissenschaftlich-technischen Fortschritt auszuruhen und das Fachwissen alle sieben Jahre zu verdoppeln sowie ökonomische Zusammenhänge einzubeziehen?

Die Autoren verneinen dies und belegen anschaulich den Stellenwert der Patienten- und Mitarbeiterzufriedenheit als beste Werbung für eine Gesundheitseinrichtung.

Der geneigte Leser wird vielleicht einwerfen, dass auch schon gegenwärtig viel Zeit für Patientengespräche verwandt wird. Aber kommunizieren wir auf die richtige Art und Weise? Versteht unser Gegenüber das Gesagte tatsächlich, können wir unsere Ziele gemeinsam adäquat umsetzen?

Patric P. Kutscher und Helmut Seßler fokussieren nicht vordergründig auf den Ist-Zustand, der allenfalls durch kleine Anekdoten illustriert wird, sondern auf Veränderung. Man ist bass erstaunt, mit welch geringem persönlichen Aufwand sich die angestrebten Verhaltensänderungen erreichen lassen. Neben der rhetorisch-kommunikativen Kompetenz ist der vertrauensvolle Beziehungsaufbau ein wesentlicher Aspekt dieses Buches: nicht Macchiavelli, sondern Authentizität.

Die Vorraussetzung allen Tuns ist auch hier das Wollen, den Mut zur Verhaltensänderung aufzubringen, getreu dem Motto von David Bowie »*Don't forget to keep your head warm*«.

Ich bin überzeugt, die Lektüre des Buches wird dies bei Ihnen bewirken und danke den Autoren für ihre zukunftsweisenden Anregungen.

Dipl.-Med. Gerd Schröter

Oberarzt der Klinik für Anästhesiologie, Intensivmedizin und Schmerztherapie
Unfallkrankenhaus Berlin (ukb)
Wissenschaftlicher Berater
Deutsches Institut für Kommunikation und
Training im Gesundheitswesen (DIKTiG)

Berlin, im Oktober 2006

Vorwort

»Das größte Problem in der Kommunikation ist die Illusion, sie hätte stattgefunden.«
In diesem Buch geht es darum, wie Ärzte und andere im Gesundheitswesen tätige Berufsgruppen den richtigen Ton treffen.

Unter den immer größer werdenden Anforderungen auf dem Gesundheitsmarkt wird die Patientenzufriedenheit einen herausragenden Stellenwert einnehmen. Gerade deshalb wird die Kommunikation in der Medizin zukünftig an Bedeutung gewinnen.

Ärzte, Schwestern und Pfleger sehen sich jeden Tag vor besondere Herausforderungen gestellt:

- Auf welche Art und Weise gehe ich mit Einwänden von Patienten und Mitarbeitern um?
- Wie erkläre ich den Angehörigen ausweglose Situationen?
- Wie gehe ich mit meinen eigenen Gefühlen um?

Die Ausbildung und der Wissensstand deutscher Ärzte und Pflegekräfte sind hervorragend, aber aus den Schilderungen der Mitarbeiter medizinischer Einrichtungen hört man immer öfter einen Hilferuf nach Unterstützung im Bereich Kommunikation heraus.

In den USA und vielen westeuropäischen Ländern werden angehende Mediziner schon in der Ausbildung mit einem kommunikativen Rüstzeug versehen. Wir in Deutschland hinken offensichtlich hinterher, in der Aus- und Weiterbildung wird dies bislang nur rudimentär vermittelt.

Der Klinik- und Praxisalltag belegt: Patienten verstehen ihren Arzt oftmals nicht wirklich.

Ärzte fühlen sich bei den knapp bemessenen Personalressourcen deutscher Krankenhäuser schon während eines Anamnese-Gesprächs unter Zeitdruck. Darunter leidet häufig das Arzt-Patienten-Verhältnis.

»Das größte Problem in der Kommunikation ist die Illusion, sie hätte stattgefunden.« Dieses Zitat stammt übrigens von George Bernhard Shaw.

Was veranlasst aber nun einen Nicht-Mediziner, dieses Buch zu schreiben?

Ich wurde gefragt, ob ich die Kommunikation zwischen Arzt und Patient, konkret zwischen den Mitarbeitern des »Unfallkrankenhaus Berlin« (ukb) und deren »Gästen«, verbessern möchte.

Obgleich mir dieses Betätigungsfeld bisher unbekannt war, reizte mich das Angebot, die Kommunikation in einem offenkundig stark vernachlässigten Bereich voranzutreiben.

Ausgestattet mit meinen Kenntnissen als Rhetoriker sowie einem Arztkittel, nahm ich neugierig und unerkannt an Visiten, Besprechungen und Patientenübergaben teil. Was ich dort erlebte habe, ist das Fundament des von Helmut Seßler und mir entwickelten und am ukb erprobten Ausbildungskonzeptes; es wurde in den letzten 4 Jahren permanent weiterentwickelt und bildet das Skelett dieses Buches.

Mit Ihrer Unterstützung, lieber Leser, werden wir es hoffentlich weiter perfektionieren können.

Deshalb unsere Bitte: Lassen Sie uns nach Lektüre dieses Buches an Ihren Erfahrungen und Erlebnissen teilhaben.

Viel Freude beim Lesen und erfolgreichen Anwenden!

Danksagung

Herrn Professor Ekkernkamp für das Vertrauen;

Herrn Professor Schaffartzik für das erste erfolgreiche Training und seine positiven Feedbacks;

Herrn Dipl. med. Gerd Schröter – Gerd, ein Teil des Buches wäre ohne Dich nicht realisierbar gewesen: danke!;

Herrn Rudolf Kubath, Kaufmännischer Direktor, und Herrn Matthias Stulpe, stellv. Verwaltungsdirektor des ukb, die mir die Notwendigkeit von Schulungen im Bereich Kommunikation für medizinisches Personal plausibel machten und mich ins ukb einluden;

Herrn Rainer Manske, für die Auswahl an wunderschönen Bildern für dieses Buch;

und ganz besonders allen Ärzten, Pflegern und dem medizinischem Fachpersonal, die mit Ihrer Arbeit in den Krankenhäusern, Praxen und Heimen ihren Dienst am Patienten leisten und ihnen täglich auch ein Stück Herzenswärme geben.

Patric P. Kutscher

Mannheim, im Oktober 2016

Die Autoren

Patric P. Kutscher

Mit seinem Team des Deutschen Instituts für Kommunikation und Training im Gesundheitswesen (DIKTiG) erhielt Patric P. Kutscher – für ein in Deutschland bis dato einmaliges Konzept – den Internationalen Deutschen Trainingspreis 2006 und die Godmedaille im Bereich »Service und Dienstleistungen«. Von 2003 bis 2005 schulte er im größten Krankenhaus dieser Art in Europa, dem Unfallkrankenhaus Berlin (ukb), fast 120 Mitarbeiter, darunter alle 13 Klinikdirektoren und Chefärzte.

Patric P. Kutscher, Jahrgang 1960, ist diplomierter Verhaltenstrainer sowie zertifizierter Business- und Management-Coach. Seit 1990 führt er Seminare und Einzelcoachings in den Bereichen Stimme, Sprechen und Rhetorik durch. Im deutschsprachigen Raum gilt er mittlerweile als anerkannter Experte, trainiert und coacht er auch Führungskräfte und Vorstände von Banken, Handel und Industrie. 1999 gründete er das Institut für Stimm- und Sprecherziehung sowie das Deutsche Institut für Rhetorik in Bensheim bei Frankfurt/Main und spezialisierte sich auf das Kommunikationstraining im Gesundheitswesen.

Er ist Buchautor und Autor vieler Fachartikel und bietet, zusammen mit internationalen Seminarveranstaltern, im deutschsprachigen Raum das Seminar »Rhetorik für Führungskräfte und Manager« an. Zu den von Patric P. Kutscher entwickelten Seminaren gehören auch das »ZISIZ«®-Stimmtraining und das Seminar »Resonanzmanagement«® – und das mit Erfolg: Bester Rhetorik-Trainer des Jahres 2004, ausgezeichnet von der Deutschland GmbH der International Faculty of Management Education, 2004 und 2005 »Bester Rhetorik-Trainer des Jahres« des International Institute of Research (IIR) Deutschland GmbH, »Trainer des Jahres 2005«, ausgezeichnet vom Management-Forum Starnberg.

Kontakt

Patric P. Kutscher, Neunkircher Straße 3, 68309 Mannheim, Tel.: 06355/953195, Fax: 06355/953195, E-Mail: p.kutscher@mce-rhetorik.de; Internet: www.mce-rhetorik.de

Helmut Seßler

Helmut Seßler MBA, Jahrgang 1949, ist Gewinner des Weiterbildungs-Innovationspreises 2000 für ein Ausbildungskonzept in und für ärztliche Praxen. Anliegen war es, die Verbesserung der Patientenkommunikation in den Fokus der täglichen Arbeit zu rücken.

Helmut Seßler gründete 1989 die INtem-Trainergruppe Seßler & Partner GmbH mit Sitz in Mannheim und gilt als einer der führenden Ausbilder und Entwickler auf dem Gebiet der Methodenforschung und ihrer praxisbezogenen Anwendung in Deutschland. Seine umgesetzten Programme wurden seit 1994 mit insgesamt 20 verschiedenen Trainingspreisauszeichnungen geehrt. Er hat mehrere Ausbildungskonzepte für Apotheken und Kliniken entwickelt. Und mit seinem 80-köpfigen Trainerteam praxisorientiert durchgeführt.

Helmut Seßlers Fachbuch »Der Beziehungs-Manager« hat mittlerweile eine Auflage von über 50.000 Exemplaren erreicht. Zudem ist er Autor zahlreicher Fachartikel zu den Themen Coaching, Führung und Trainerausbildung.

Die Vision des INtem-Institutsleiters: »Wir helfen Menschen, sich zu entwickeln, und Unternehmen, zu wachsen.«

Kontakt

Helmut Seßler, INtem-Trainergruppe, Mallaustr. 69-73, 68219 Mannheim, Tel.: 0621/43876-0, Fax: 0621/43876-10, E-Mail: info@intem.de, Internet: www.intem-health.de.

Inhaltsverzeichnis

Eine schöne Naht[*]

[*] Quelle: Frank Huyler, Notaufnahme – Geschichten zwischen Leben und Tod, 2. Aufl. 2002, Verlag C.H. Beck oHG; Wiedergabe mit freundlicher Genehmigung des Verlag C.H. Beck oHG

Er lag so tief im Koma, dass ich mir nicht die Mühe machte, ein Lokalanästhetikum zu verwenden, als ich die Wunde in seinem Gesicht nähte.

Es war an einem Sonntagnachmittag in der Intensivstation, und ich war von zu Hause in die Klinik gerufen worden, um seine Gesichtsverletzungen zu versorgen. In der vorangegangenen Nacht war er auf einer dunklen Straße durch die Windschutzscheibe geflogen. Eigentlich war das eine Aufgabe für einen plastischen Chirurgen. Die Wunde reichte von der Schädelmitte bis tief in das Gewebe um die Augen herum und weiter die Wange hinunter bis in den Mund hinein.

Ich wusste, warum sie mich, den Intern (Anm.: Berufsanfänger), gerufen hatten. Man rechnete nicht damit, dass dieser Mann am Leben bleiben würde.

Ich tat mein Bestes, achtete sorgfältig darauf, dass die Hautfalten genau richtig zusammengefügt wurden, stach den glänzenden Halbmond der Nadel immer wieder in sein Fleisch und zog ihn wieder heraus, wischte die dunklen Blutstropfen ab, die sich an der Spitze der Nadel bildeten, band die Knoten wie ein Angler, der mit Fliegen fischt.

Der Thermostat im Zimmer war ganz hochgedreht, aber er war dennoch kalt – ich fühlte es durch die Handschuhe.

Nach einiger Zeit verschwamm sein Gesicht vor meinen Augen. Nur die Wunde blieb klar erkennbar und bekam ein Eigenleben. Die Intimität, die ich anfangs empfunden hatte, als ich mich über ihn beugte und mein Atem ihn einhüllte, verschwand, und übrig blieb nur meine Aufgabe.

Es dauerte Stunden. Mein Rücken schmerzte, und mein Baumwollanzug wurde feucht unter dem blauen OP-Kittel.

Außer dem regelmäßigen Zischen des Sauerstoffgeräts war nichts zu hören.

Die weiche, braune Haut um seine Augen herum war wie die eines Kindes.

Das Auge war starr geradeaus gerichtet, und die Pupille bewegte sich nicht, nicht einmal, als ich das Augenlid nähte, wobei ich ängstlich darauf bedacht war, nicht in den Augapfel selbst zu stechen.

Als ich fertig war, zitterten mir die Hände. Ich stand auf, streckte mich und trat vom Bett zurück.

Er war in Decken eingehüllt, und erst jetzt bemerkte ich, dass zwischen seinen Knien eine einzelne Adlerfeder und eine kleine Plastiktüte mit gelben Pollen lag, die wohl seine Familie bei ihm zurückgelassen hatte, um ihn zu retten.

Am nächsten Morgen ging ich in sein Zimmer, um meine Arbeit zu überprüfen. Sein Gesicht sah ganz heil aus. Nur die dünnen blauen Linien der Nylonfäden verrieten, wie groß die Wunde war.

Erst nachdem ich mindestens eine Minute lang mein Werk bewundert hatte, fiel mir auf, dass das Geräusch des Sauerstoffgeräts, das am Tag zuvor in diesem Zimmer mein ständiger Begleiter gewesen war, verstummt und dass der Mann tot war.

Frank Huyler

Einführung:
Kommunikative Kompetenz als Schlüsselqualifikation

Eines ist unstrittig: Ärzte, egal ob im stationären oder ambulanten Bereich tätig, unabhängig von ihrer Position, beispielsweise als Chefarzt, Oberarzt oder Assistenzarzt, sind auf ihrem jeweiligen medizinischen Gebiet in der Regel hoch qualifizierte Experten. Diesbezüglich wollen wir auch gar keinen wohlmeinenden Ratschlag erteilen. Wir wollen Sie jedoch darauf hinweisen, dass im Gesundheitswesen die kommunikative Kompetenz als Fähigkeit, mit Patienten und Mitarbeitern in einen Dialog zu treten, bereits heute einen hohen Stellenwert einnimmt und in Zukunft noch an Bedeutung gewinnen wird. Die Gründe dafür sind vielfältig, die drei wichtigsten sind:

- Praxen, Krankenhäuser und Kliniken sind mit der Einführung marktwirtschaftlicher Kriterien schon heute kleine bis mittlere Wirtschaftsunternehmen. Was als Freiheit, Flexibilität und schier unendliche Möglichkeiten der Gestaltung gepriesen, erweist sich immer mehr als irreführend. Das hehre Motiv ärztlichen Handelns, nämlich das Interesse am Menschen und die Sorge um dessen Wohlbefinden sowie der Wunsch, wesentlich zur Genesung beizutragen, steht den marktökonomischen Zwängen der Wirtschaftlichkeit oftmals diametral gegenüber. Im Fokus des Interesses steht immer mehr das positive Ertragsdelta, Begriffe wie »downsizing«, »outsourcing«, »reengineering«, »lean management« und »redundants« sind präsent. Unter fortschreitender Technisierung der Medizin, einhergehend mit ökonomischer Dominanz und den daraus resultierenden Zwängen, wird der Arzt zum »Organ(izer)mediziner« und der Patient wird zum *Kunden*. Die Arzt-Patienten-Beziehung ist nicht mehr nur ein Vertrauensverhältnis, sondern in zunehmendem Maße auch ein Dienstleistungsverhältnis. Natürlich ist die Beziehung zwischen einem Arzt und einem Patienten anders gelagert als die Beziehung zwischen einem Kunden an der Verkaufstheke und einem Verkäufer. Wenn der Patient beim Arzt seine Chipkarte durchziehen lässt, gehen beide ein Vertragsverhältnis über Dienstleistungen ein. Der Patient – oder anders gesagt der »Arztkunde« – will einerseits am Wissensmonopol teilhaben, er hinterfragt oder kritisiert andererseits immer häufiger vorgeschlagene Therapiekonzepte. Trotzdem bringt er nach wie vor ein wichtiges Gut zum »Dienstleister seines Vertrauens« mit, nämlich einen Vertrauensvorschuss. Viele Ärzte wehren sich dagegen, von »Kundenorientierung« im Gesundheitswesen zu sprechen. Diese Parallelen existieren aber bereits.

- Der Patient nutzt die Sprache des »Krankseins«, des Leidenden, und dies mit seinen Möglichkeiten der Umgangssprache. Der Arzt gebraucht die Sprache der »Krankheit« in der standardisierten Wissenschaftssprache. Seine Aufgabe ist es nun, die gewonnenen Informationen zu bündeln und in die Sprache des Patienten zu übersetzen, um eine dem Patienten verständliche Diagnose und die daraus folgende Therapie zu erläutern. Im Mittelpunkt steht der »kranke« Zustand des Patienten, der beseitigt werden soll und muss.
Abstrahiert betrachtet, ist Ihr Patient auch ein Kunde mit Wünschen und Bedürfnissen, die er erfüllt haben möchte. Wie bei einem Verkaufgespräch übersetzt der Verkäufer die Wünsche und Vorstellungen seines Kunden und folgert daraus eine optimale Problemlösung. Damit er vom Kunden auch als »sein« Dienstleister wahrgenommen wird, muss er um den Kunden werben.
»Patient und Kunde« – diese Gleichsetzung soll nicht überstrapaziert werden, aber die Verschmelzung bestimmt immer mehr die Realität. Wenn ein Arzt heute als Allroundtalent zwischen diagnostizieren, verordnen, operieren auch noch zuhören möchte, dann benötigt er neben der fachlichen auch eine menschlich-kommunikative Kompetenz.

- Arztpraxen sind darauf angewiesen, Zuzahlleistungen, also Individuelle Gesundheitsleistungen (IGeL), zu »verkaufen« und damit

Vor- und Nachteile dieser Leistungen patientengeleitet zu kommunizieren.

- Der Arzt kommuniziert als Führungskraft und Manager seines Teams mit den Mitarbeitern. Das wichtigste Führungsinstrument ist das Gespräch. Wer führen will, muss sprechen – und die jeweiligen Gesprächstechniken beherrschen.

Selbst- und Fremdbild in Übereinstimmung bringen

Jeder von uns kennt das Bild vom Arzt als »Halbgott in Weiß«. Gewiss mag es Ärzte geben, die dieses Selbstbild von sich haben, sie sind heutzutage in der Minderheit. Die meisten Ärzte sehen sich selbst als hochspezialisierte Experten, die aufgrund ihres in langer Aus- und Weiterbildung erworbenen Wissens und Könnens anderen Menschen in einer Situation helfen können, in der ihr höchstes Gut – ihre Gesundheit – gefährdet ist. In dieser physischen und psychischen Notsituation wendet sich der Kranke an einen anderen Menschen, an Sie, um sein körperliches Wohl wiederherstellen zu lassen, Linderung der Schmerzen zu erfahren und vielleicht auch um einfach ein wenig »Herzenswärme« zu spüren.

Auf der anderen Seite ist es häufig der Patient selbst, der dieses »Götterbild« in den Arzt hineinprojiziert. Ob »Schwester Stefanie«, »Prof. Brinkmann« oder »Dr. Stefan Frank – der Arzt dem die Frauen vertrauen«, wer möchte nicht von diesen stets sympathischen, fachkompetenten und dynamischen Helfern behandelt werden. Egal, ob es die äußeren Umstände nahezu unmöglich erscheinen lassen, ob private Dramen ihre Anwesenheit dringend erfordern, sie eilen sofort herbei, um ihrem Patienten in der Not zu helfen. Historisch bedingte Klischees werden durch die populären Fernsehserien noch verstärkt. Beeinflusst durch dieses unbewusst geprägte Bild der medial suggerierten Idealvorstellung eines Arztes, hofft der Patient einen ebensolchen unfehlbaren Menschen auch in der Realität anzutreffen. Enttäuschung ist dabei vorprogrammiert! Mediale Wirklichkeitsillusion und Realität des Praxisalltags gehen weit auseinander. Der reale Arzt kann nicht mit den Fernsehdoktoren konkurrieren.

Sie als Arzt verfügen über Ihre fachliche Kompetenz und Ihre persönliche Lebenserfahrung, die sich nicht nur auf die Medizin beschränkt. Diesen Fundus müssen Sie nur kommunikativ richtig vermitteln, damit ihr Patient sie nicht nur als Arzt, sondern auch als Mensch wahrnimmt, der Ängste nachvollziehen kann und der nicht unfehlbar ist.

Was beide – Arzt und Patient – an Anschauungen, quasi als Weltbild nach außen vermitteln, ist lediglich ein Spiegelbild unserer sehr persönlichen (und damit per se subjektiven) Sicht der Welt. Beziehen Sie positiv zu Ihrer Sichtweise Stellung. Aber bedenken Sie dabei, dass es die objektive und einzig richtige Meinung nicht geben kann.

Versuchen Sie bitte, Ihr Selbstbild und das Fremdbild des Patienten so gut wie möglich mit Ihrer und der positiven Erwartungshaltung des Gegenübers in Einklang zu bringen – und zwar mit Hilfe des positiven Beziehungsaufbaus und der Schlüsselkompetenz »Kommunikationsfähigkeit«.

Verschiedene Gesprächssituationen – verschiedene Gesprächsstrategien

»Die Größe eines Berufes besteht vielleicht vor allem anderen darin, dass er Menschen zusammenbringt. Es gibt nur eine wahrhafte Freude: den Umgang mit Menschen.« Antoine de Saint Exupery

Jeden Tag wird ein Arzt in verschiedenen Gesprächssituationen mit unterschiedlichen Menschen konfrontiert:

- Da sind zunächst einmal die zahlreichen Patientengespräche. Jeder der Patienten erwartet, dass sich der Arzt Zeit für ihn nimmt, im Gespräch der Krankheitsursache auf die Spur kommt sowie ihm Diagnose, Therapie und ggf. Zuzahlleistungen nachvollziehbar und verständlich erläutert.

- Weiterhin ist eine neue Stelle zu besetzen. Der Arzt will heute zwei Einstellungsgespräche führen.
- Ein neuer Assistenzarzt beginnt seine Tätigkeit. Er muss den Kollegen vorgestellt werden.
- Eine Assistentin wirkt demotiviert, sie soll einen neuen Aufgabenbereich übernehmen und muss dazu besonders motiviert werden.
- Eine andere Assistentin hat wiederholt ihre Zuständigkeit überschritten. Ein Kritikgespräch ist dringend notwendig.
- Schließlich hat ein Pharmareferent um ein Gespräch mit dem Arzt gebeten. Er möchte ihm einige neue medizinische Produkte vorstellen.
- Kurz vor Ende der Regeldienstzeit wartet auf unseren Arzt noch eine Mitarbeiterbesprechung.

Dies ist ein fiktives Beispiel, nicht jeden Tag werden Sie alle diese kommunikativen Herausforderungen zu bewältigen haben. Aber jede dieser Gesprächsarten erfordert eine andere Vorgehensweise.

- Im Motivationsgespräch versuchen Sie zuerst den Gründen für die Demotivation auf die Spur zu kommen.
- Im Kritikgespräch geht es um eine gemeinsam formulierte Problemlösung.
- Im Gespräch mit dem Pharmareferenten geht es meistens darum, die Produkte seines Gegenübers zu akzeptieren oder abzulehnen, eine klassische Verkaufssituation.
- Im Einstellungsgespräch müssen Sie eine Grundlage schaffen für eine Investition in die Zukunft. Schließlich sollen Zeit und Geld, die die Auswahl und Einstellung eines neuen Mitarbeiters kosten, effektiv genutzt werden.
- Im Patientengespräch müssen Sie erklären, begründen, trösten, Auskunft geben sowie Einverständnis für medizinische Maßnahmen einholen.

- Bei der Vorstellung des Assistenzarztes sind Ihre Fähigkeiten im Small talk gefragt.
- Bei dem Mitarbeitermeeting treten Sie als Konferenzleiter oder Moderator auf.

Würden Sie über lediglich eine Gesprächsführungsstrategie und nur wenige Kommunikationstechniken verfügen, wären die meisten der Gespräche von vornherein zum Scheitern verurteilt. Eine geübte und gesprächserfahrene Führungskraft wählt für jedes der Gespräche einen anderen kommunikativen Ansatz. Die Beherrschung von Strategien und Techniken allein genügt nicht, vielmehr müssen sie stets der Situation und dem konkreten Gesprächspartner angemessen sein. Ein Arzt benötigt daher ein differenziertes Repertoire an kommunikativen Strategien, um seine Gesprächsziele zu erreichen.

Eines aber haben die Gesprächssituationen gemeinsam: Sie können Sie am besten bewältigen, wenn Sie zum Beziehungsaufbau in der Lage sind, also bereit und fähig sind, sowohl zum Patienten als auch zu den Mitarbeitern ein Vertrauensverhältnis aufzubauen.

Patienten öffnen sich einem Arzt dann, wenn sie sich bei ihm wohlfühlen, ihm vertrauen, wenn sie wissen: »Bei diesem Arzt befinden sich Körper und Seele in den besten Händen!«

Übrigens ist dies auch ökonomisch ein nicht zu vernachlässigender Aspekt: Wer zu einem Arzt, einer Praxis, einer Klinik Vertrauen gefasst hat, wird nicht so rasch wechseln. Er wird diesen Arzt, diese Praxis, diese Klinik immer wieder aufsuchen und weiterempfehlen.

Ein mitarbeiterorientierter Führungsstil öffnet Ihnen, wenn Sie so wollen, das »Tor« zu Ihren Kollegen. Dieser Führungsstil definiert den Mitarbeiter als gleichberechtigten Partner, dem im Kommunikationsprozess Achtung und Akzeptanz entgegengebracht werden.

Soziale und kommunikative Kompetenz hat derjenige Vorgesetzte, der sich in die Lage des Gesprächspartners versetzt, eine Angelegenheit aus dessen Sicht betracht und die Ergebnisse dieses perspektivischen Wechsels in die Gesprächsführung einfließen lässt.

Wenn Sie es schaffen, Ihrem Mitarbeiter während der Einarbeitung oder der gesamten Weiterbildung mittels Ihrer fachlichen und kommunikativen Kompetenz Erfahrungen und Wissen zu vermitteln, werden sie anfangs investierte Zeit bald gewinnbringend zurück erhalten.

Man verwendet sinnbildlich den Ausdruck einer gemeinsamen Sprache des Teams. Der Patient wird so das Gefühl verinnerlichen, verstanden und akzeptiert zu werden. Damit wird die Compliance (Therapietreue) deutlich höher ausfallen und die Arztbindung (oder Klinik- bzw. Praxisbindung) verstärkt.

Grundvoraussetzung ist ein positives Menschenbild sowie die Überzeugung, dass sich jeder Mitarbeiter prinzipiell motiviert und eigeninitiativ für die Interessen »seiner« Praxis oder Klinik einsetzt.

Gesprächstechniken dürfen nie als Selbstzweck angewendet werden, sondern müssen der Situation und den Gesprächspartnern angemessen sein. Die Einstellung, mit der ein Arzt als Führungskraft ein Gespräch leitet, ist deswegen von größter Bedeutung. Diese Einstellung ist abhängig von seinem Menschenbild und – das gilt natürlich vor allem bei Mitarbeitergesprächen – dem Führungsstil.

Menschenbild und Führungsstil grundieren jedes Gespräch und stellen den Rahmen dar, in dem sich die Gesprächstechniken erst in ihrer vollen Wirkung entfalten können.

Was Ihnen dieses Buch bietet

- Unsere bisherigen Ausführungen stecken den Rahmen ab, in dem sich unser Buch bewegen wird:
- In Teil 1 geht es um den vertrauensvollen Beziehungsaufbau zu anderen Menschen. Dabei lautet die Prämisse: Kommunikationsmanagement ist vor allem Beziehungsmanagement, also das Herstellen von vertrauensvol-

len Beziehungen zu Patienten und Mitarbeitern. Des Weiteren werden die wichtigsten Kommunikationstechniken vorgestellt, die Sie zum Aufbau guter Beziehungen zwischen Patienten oder Mitarbeitern benötigen.

- In Teil 2 beschäftigen wir uns mit der Einstellung der Leitungskräfte, die den Humus bildet, aus dem allein der Nutzen der kommunikativen Strategien erwachsen kann.
- Teil 3 und 4 sind strikt praxisorientiert. Hier geht es um Ihre Kommunikation und Gesprächsführung mit dem Patienten (Teil 3) und dem Mitarbeiter (Teil 4).

Übrigens: Wir haben Sie bereits des Öfteren direkt mit »**Sie**« angesprochen. Wir möchten diese Ansprache beibehalten, weil wir zu Ihnen, den Leserinnen und Lesern dieses Buches, ebenfalls ein möglichst enges Vertrauensverhältnis aufbauen möchten – und da wirkt eine anonymisierte Ansprache kontraproduktiv. Wir wenden uns mit unserem Buch an Ärztinnen und Ärzte, an Leitungskräfte in Praxen, Kliniken, Krankenhäusern und Pflegeeinrichtungen – und zudem an Mitarbeiterinnen und Mitarbeiter mit Führungsverantwortung in medizinischen Heilberufen, die mit den Menschen zu tun haben, deren Wohl uns vor allem am Herzen liegt: den Patientinnen und Patienten.

Unser Buch wendet sich mithin an alle, die mit Patientinnen und Patienten in Berührung kommen und mit ihnen »sprechen«. Darum würden wir uns freuen, wenn nicht nur Sie dieses Buch lesen und die Inhalte umsetzen, sondern wenn Sie es an interessierte Mitarbeiterinnen und Mitarbeiter weitergeben.

Im letzten Abschnitt haben wir jeweils die männliche und weibliche Form benutzt und z. B. von Patientinnen und Patienten gesprochen. Sind Sie auch der Meinung, dass dies die Lesbarkeit deutlich erschwert, ja den Textfluss behindert? Nach intensiver Überlegung haben wir uns entschlossen, darauf zu verzichten: Wenn im Folgenden beispielsweise von Patienten die Rede ist, sind natürlich auch die Patientinnen mitgemeint; wenn wir von Assistentinnen sprechen, sind auch die männlichen Mitarbeiter eingeschlossen.

Wie wird dieses Buch Ihr ganz persönlicher Coach zum Thema Kommunikation? Zunächst einmal sollten Sie sich fragen, ob Sie etwas verändern möchten. Dies Buch fokussiert vor allem auf Verhaltensänderungen. Unser Anliegen ist es, dass Sie alle diesem Buch entnommenen, für Sie nützlichen Informationen umsetzen und direkt anwenden. Nur angewandtes Wissen ist Macht. Die Kenntnis verschiedener Techniken allein reicht nicht aus. Man muss sie auch bewusst anwenden. Jeder Arzt weiß, dass er sich im Gespräch genügend Zeit für den Patienten nehmen sollte. Überlegen Sie bitte: Wird jedes Ihrer Patientengespräche diesem Anspruch gerecht? Sie sollen durch dieses Buch bestimmte Kenntnisse erwerben, sich bereits vorhandene bewusst machen und diese dann in der Praxis umsetzen.

Deshalb ist dieses Buch mit einigen Übungen und Arbeitsaufforderungen an Sie versehen, die Ihnen die gewünschten Änderungen ermöglichen werden. Aber es gibt noch mehr Möglichkeiten, dieses Buch zu nutzen.

Tipp 1: Der innere Wunsch, noch besser werden zu wollen

Viele Erfindungen oder außergewöhnliche Leistungen sind entstanden durch die Vorstellung eines Menschen, der in seiner Fantasie oder seinen Träumen die Verwirklichung seines Wunsches ganz konkret vor sich sah. Zumeist ist mit dieser konkreten Vorstellung ein unumstößlicher Glaube an die Verwirklichung des Wunsches verknüpft, hinzu kommen Akribie und Ausdauer. Für eine optimale Kommunikation gilt Ähnliches. Dabei ist es weniger wichtig, möglichst viele Regeln und Techniken kennen zu lernen. Vielmehr sollten Sie den Wunsch haben, etwas über sich und andere Menschen zu lernen, zu verstehen und dabei fest entschlossen zu sein, diese Fähigkeiten im Umgang mit Ihren Patienten und Mitarbeitern einzusetzen und ständig zu verbessern.

Stellen Sie sich wiederholt vor, dass Ihre Patienten sich Ihnen gerne anvertrauen, dass Sie eine geschätzte und anerkannte Führungskraft sind und wie viele Probleme Sie bereits gemeinsam mit Ihrem Team gelöst haben.

All das ist möglich, weil Sie sich und andere (zum Erfolg) führen und Verantwortung für Ihren Erfolg sowie auch für das Nichtgelingen übernehmen. Wenn Sie nicht die Verantwortung für Ihre Fehler übernehmen, können Sie auch nichts verändern! Schreiben Sie sich einen Leitspruch auf, den Sie sich immer wieder verdeutlichen, z. B.: »Wer die Verantwortung trägt, hat auch die Macht, etwas zu ändern.« Wählen Sie ein Motto, das Sie motiviert, täglich der Kommunikationsexperte zu sein.

Bilden Sie sich eine Vorstellung, also einen Film in Ihrem Kopf, wie Sie ein vorbildlicher Gesprächspartner sind, und nehmen Sie dazu Ihren Leitspruch als eine Art Filmtitel. Schaffen Sie sich Ihr eigenes Bild von dem, was Sie gerne sein möchten.

Tipp 2: Vergleich des Gelesenen mit der Praxis

Lesen Sie ein Kapitel dieses Buches zuerst einmal durch. Überlegen Sie, wie und wo Sie das Gelesene ganz konkret für sich nutzen können. Danach lesen Sie das entsprechende Kapitel nochmals. Markieren Sie sich dabei wichtige Stellen.

Tipp 3: Die Umsetzung mit Ihrem »persönlichen Strategieheft«

Sie werden in diesem Buch immer wieder der Bitte begegnen, sich Zeit zum Nachdenken zu nehmen und das Gelesene auf Ihre spezielle Situation anzuwenden und Ihre Überlegungen zur Umsetzung des neuen Wissens zu notieren. Die erfolgreichste Möglichkeit ist: Sie kaufen sich ein separates Heft und nennen es Ihr »persönliches Strategieheft«. Durch regelmäßiges Üben entsprechend Ihren Notizen können Sie durchaus schnell Erfolge erzielen. Frei nach dem Motto von Erich Kästner: »Es gibt nichts Gutes, außer man tut es.«

Tipp 4: Belohnung

Überlegen Sie vor Beginn jeder Umsetzungsaufgabe, wie Sie sich nach erfolgreichem Umsetzen selbst belohnen können. Genießen Sie diese Belohnung. Machen Sie sich auf diese Weise bewusst, welche Fortschritte Sie im kommunikativen Umgang mit Ihren Patienten und Mitarbeitern schon gemacht haben – und im Umgang mit sich selbst. Überdenken Sie auch, was Sie hätten besser machen können. Führen Sie ein Tagebuch Ihrer Erfolge.

**Tipp 5: Regelmäßig ein bisschen
– statt alles auf einmal**

Wenn Sie optimal von diesem Buch profitieren wollen, empfehlen wir Ihnen, regelmäßig ein paar Stunden pro Woche darin zu lesen, um Teile zu wiederholen und zu überdenken, bis Sie alle für Sie wichtigen Erkenntnisse verinnerlicht haben.

Fünf Tipps: Wie Sie den größtmöglichen Gewinn aus diesem Buch ziehen

1. Tipp: Sie müssen sowohl den Wunsch als auch die Entschlossenheit haben, Ihre Fähigkeit als Gesprächspartner für Patienten und Mitarbeiter zu aktivieren.
2. Tipp: Markieren Sie wichtige Stellen im Buch. Überlegen Sie, wo Sie diese Erkenntnisse in Ihrer täglichen Arbeit ganz konkret einsetzen können.
3. Tipp: Nutzen Sie Ihr persönliches Strategieheft, um über das Gelesene nachzudenken und sich Überlegungen zur Umsetzung zu machen.
4. Tipp: Belohnen Sie sich für Umsetzungserfolge. Ziehen Sie wöchentlich ein Resümee. Notieren Sie sich Ihre Erfolge.
5. Tipp: Wiederholen Sie regelmäßig die für Sie wichtigen Teile des Buches.

Teil 1 Kommunikationsmanagement ist Beziehungsmanagement

Was hat der Aufbau von Beziehungen mit Kommunikation zu tun? Das Campus-Management-Lexikon definiert »Kommunikation« folgendermaßen:

> »Austausch von Nachrichten zur Übermittlung von Informationen, Vorstellungen, Einstellungen, Gefühlen, Meinungen oder Anweisungen zwischen Einzelpersonen oder Gruppen mit dem Ziel, Handlungen zu bewirken, zu verstehen oder abzustimmen.«

Kommunikative Fähigkeiten werden beschrieben als die formale und auch technische Fertigkeit, mögliche Kommunikationskanäle angemessen zu nutzen. Weiter heißt es: »Auch sollte man in der Lage sein, wechselseitiges Verständnis und Vertrauen sowie Zusammenarbeit einzuführen und auszubauen.«

An den Definitionen fällt auf, dass technisch orientierte und – lassen Sie es uns so ausdrücken – menschlich orientierte Aspekte verknüpft werden. Ein guter Kommunikator oder Gesprächspartner sollte sich also beispielsweise verständlich ausdrücken, eine klare Sprache verwenden, neben der verbalen auch die nonverbale Ebene des Kommunikationsprozesses – also die Körpersprache – beachten und die Präsentation seiner Ausführungen beherrschen.

Kommunikation bedeutet ebenfalls, um Verständnis und Zustimmung zu werben sowie eine vertrauensvolle Beziehung zum Gesprächspartner aufzubauen.

Technischer und menschlicher Aspekt gehören dabei zusammen. Ein Arzt, der sich mitfühlend in die Psyche des Patienten zu versetzen vermag, kann Vertrauen schaffen. Das Vertrauensverhältnis wird allerdings durch eine unklare Ausdrucksweise sowie eine undeutliche Aussprache beeinträchtigt. Umgekehrt gilt: Wer die kommunikative Klaviatur virtuos beherrscht, wird im Patientengespräch scheitern, wenn er dem Patienten kalt und unnahbar entgegentritt und die menschliche Wärme vermissen lässt.

Beides ist also notwendig – vertrauensvoller Beziehungsaufbau und kommunikativ-rhetorische Kompetenz. Wobei wir allerdings den Akzent auf den Beziehungsaufbau legen: Der Patient »verzeiht« es eher, wenn der Arzt seine verbalen Äußerungen nicht körpersprachlich unterstützt, als dessen schroffe und unpersönliche Art der direkten Kommunikation. Eine exzellente Ausdrucksweise kann den Mangel an persönlicher Zuwendung nicht wettmachen.

Die Grundlagen des Beziehungsmanagements

»Es ist besser, ein kleines Licht anzuzünden,
als die Dunkelheit zu verfluchen.«

Konfuzius

Ein ganz eigener Komplex von unterschiedlichen Beziehungs- und Kommunikationsebenen ist die Chefarztvisite im Krankenhaus. In einem Beitrag im »Deutschen Ärzteblatt« hat Dr. Jörg Degenhardt, Ärztlicher Direktor des St. Antonius-Krankenhaus, unter der Überschrift »Psychogramm einer Chefarztvisite« seine Sichtweise treffend beschrieben, zugegeben eine ironische Beschreibung:

»Aufgeregt knöpft der AiP seinen Kittel zu, die Stationsschwester richtet nervös ihre Frisur, während sie mit der anderen Hand den Visitenblock ordnet, die Assistenzärztin rekapituliert die Kaliumwerte, der Pflegeschüler versucht, sich unsichtbar zu machen, der Oberarzt gähnt souverän, die Patientinnen und Patienten verlagern lustlos ihren Aufenthalt vom Raucherzimmer in ihre Betten.

Der Chefarzt kommt zur Chefarztvisite.

Freundliches Mienenspiel tut professionelle Gelassenheit kund. In hierarchisch wohl geordnetem Gänsemarsch fällt die Gruppe ins erste Krankenzimmer ein. Mit zwei Blicken und einem Atemzug überprüft die Oberschwester Outfit und olfaktorischen Status des Zimmers, die Ordnung der Patientenkartei und schließlich die korrekte Überreichung der ersten Kurve an den Herrn Chefarzt. Dieser nimmt mit routinierter Spontaneität Begrüßungskontakt zum Patienten im nächstgelegenen Bett auf, richtet einen fragenden Blick an die Assistenzärztin und löst damit bei ihr das Abspulen von Krankheitsverlauf, Behandlungsmaßnahmen, letzten Laborparametern und besonderen Vorkommnissen aus. Während der Patient zaghaft etwas über trockenen Mund und schlechten Schlaf murmelt, veranlasst ein weiterer Chefarztblick zum Oberarzt diesen, die bisherigen Informationsfragmente auf einer höheren nosologischen Ebene zusammenzufassen und mit einigen wohl formulierten Sätzen

ein Gesamtbild des Patienten in den Raum zu stellen.

Einige kurz an den Patienten gerichtete Sätze zeichnen sich vor allem durch ihren optimistisch-aufmunternden Tonfall aus und leiten geschmeidig über zur Verabschiedung mit Handschlag.

Während der Chefarzt samt Tross die drei Schritte zum nächsten Bett weiterrückt, oszilliert der visitierte Patient zwischen dem erleichterten Gefühl, eine wichtige Szene, in der er eigentlich die Hauptrolle spielen sollte, überstanden zu haben, und der Enttäuschung, dass alles so schnell gegangen ist und er gar nicht dazu gekommen ist, all das zur Sprache zu bringen, was er sich zurechtgelegt hatte.

Dieses Ritual wiederholt sich von Bett zu Bett, von Patient zu Patient, von Zimmer zu Zimmer. Dieser szenische Ablauf stellt in seiner bis ins Detail regelhaften Wiederholung ein stereotypes Ritual dar und ist dabei doch eine Situation intensiver menschlicher Begegnung und Nähe. Flexibilität durch Unterbrechung erfährt er immer dann, wenn der Chefarzt Fragen zu einzelnen Behandlungspunkten hat oder gar Unzufriedenheit äußert. Dann kommt es zu hastigen Erklärungen, Rechtfertigung, Wortwechseln, die zumeist in einem dem medizinischen Laien unverständlichen Fachjargon geführt werden. Der Patient merkt atmosphärisch die Unstimmigkeit, versteht aber nicht, worum es geht.«

In unserer schnelllebigen, globalen Welt sind die Beziehungen zu anderen Menschen ein absolut wichtiges Werteprinzip. Jeder Tag unterliegt zahlreichen Veränderungen, Neuerungen, Umbrüchen. Es genügt deshalb nicht mehr, nur mit der technischen Entwicklung Schritt zu halten und ansonsten nach dem Grundsatz »es läuft doch« zu handeln. In unserer immer anonymer und unpersönlicher scheinenden Gegenwart sollten Beziehungen zu anderen Personen für Sie einen hohen Stellenwert haben. Die Beziehungen zur Familie, zu Freunden, Patienten, Kollegen, aber auch zu Ihren Mitarbeitern sind

Gradmesser für das eigene Wohlbefinden. Wer in der geschützten Atmosphäre einer zuverlässigen Gruppe agiert, kann seine eigenen Potenziale voll ausschöpfen und gewinnbringend einsetzen. Voraussetzung dafür ist, sich verstärkt um gute Beziehungen zu kümmern – gute Beziehungen zu allen Mitmenschen.

Unter »Beziehungsmanagement« verstehen wir die Fähigkeit, sprichwörtlich die Welt eines anderen Menschen zu betreten, um eine gemeinsame Ebene zu erreichen und Gleichberechtigung hinsichtlich Ihrer Meinungen und Standpunkte herzustellen. Sie bauen damit das für eine Beziehung unverzichtbare Vertrauensverhältnis zwischen sich und einem Anderen auf – und schaffen damit die Grundlage jeder erfolgreichen Kommunikation.

In zwischenmenschlichen Beziehungen bilden Sympathie und Vertrauen das Fundament, welches Ihr Gegenüber zu Ihrem aktiven Partner werden lässt.

Als Beziehungsmanager sind Sie sinnbildlich der Steuermann des »Beziehungsschiffes«. Sie bestimmen den Kurs! Es liegt in Ihrer Hand, ob es angenehm gleitet oder wild schlingert. Sie wählen den Hafen und Sie sind für das sichere Ankommen Ihres Schiffes verantwortlich. Beginnen Sie, sich zu einem Beziehungsmanager zu entwickeln. Erwerben Sie Ihr Kapitänspatent.

Was heißt Beziehungsmanagement nun konkret? Wie können wir Beziehung in diesem Sinne definieren?

Beziehungsmanagement bedeutet: überzeugen im zwischenmenschlichen Bereich!

Sie können nach unserer Überzeugung ein Vertrauensverhältnis zu Ihren Patienten und Ihren Mitarbeitern aufbauen, wenn Sie sich zum Beziehungsmanager entwickeln. Ein Beziehungsmanager ist eine Person, die aktiv, ehrlich und verantwortlich den zwischenmenschlichen Kontakt positiv aufbaut und hält sowie Wünsche und Probleme erkennt und Lösungswege aufzeigt.

1.1 Sicherheit geben

»Nur wer den Menschen liebt, wird ihn verstehen. Wer ihn verachtet, ihn nicht einmal sehen.«   Christian Morgenstern

Die hohe Kunst im Umgang mit Menschen ist, eine gute Beziehung aufzubauen und zu erhalten. Dabei sind Beziehungsmanager vor allem Hersteller von Zuständen. Eine der wichtigsten Regeln für gutes Beziehungsmanagement ist, dem Gegenüber das Gefühl des gegenseitigen Respektes zu vermitteln.

Ein hehres Ziel im Umgang mit Menschen sollte es sein, anderen Personen ein angenehmes Gefühl zu vermitteln. Wer sich persönlich in einen positiven Zustand versetzen kann, kann dies mit seiner Ausstrahlung auch bei anderen bewirken. Während unserer Trainingskurse erhalten wir bei Befragungen zum Thema »Was ist die hohe Kunst im Umgang mit Menschen?« am häufigsten die folgenden Antworten:

- Jeder Mensch muss das Gefühl haben, für mich einzigartig und besonders wichtig zu sein.
- Er muss das Gefühl haben, dass er mir vertrauen kann.

Zusammengefasst ist es die vornehmliche Aufgabe des Beziehungsmanagers, seinen Mitmenschen das Gefühl zu geben, dass er sich für sie und ihre Interessen in besonderem Maße einsetzt. Patienten möchten nicht nur eine Nummer sein oder gar auf ein krankes Körperteil reduziert werden (die »Galle« in Zimmer 3), sie möchten vielmehr als eigenständige Persönlichkeit beachtet werden. Ihre Mitarbeiter wollen mehr sein als das Rädchen im Gesundheitsbetrieb, das gefälligst zu funktionieren habe. Andere Menschen sind gerne mit Ihnen zusammen, wenn sie Ihnen glauben und sich sicher bei Ihnen fühlen. Beziehungsmanager sein bedeutet vor allem, Ihre Mitmenschen in einen positiven Zustand zu versetzen.

1.2 Akzeptieren und tolerieren Sie andere Ansichten

Das am häufigsten benutzte Wort ist laut zahlreicher Untersuchungen das Personalpronomen »Ich«. Diese Selbstbezogenheit hat jeder in seiner Umgebung schon einmal erlebt, vielleicht sogar bei sich selbst.

In der aggravierten Form ist es Ausdruck eines ausgeprägten Egoismus, der dazu führt, bei seinen Mitmenschen nichts Positives mehr wahrnehmen zu können. Somit wird eine Kommunikation unmöglich.

Natürlich ist das eigene Ich wichtig. Jeder Mensch lebt in seiner Welt aus Erfahrungen, Gedanken und daraus resultierenden Handlungen. Sich dessen bewusst zu sein, ist für das Selbstwertgefühl unabdingbar.

Die Kunst allerdings besteht darin, die Weltsicht unserer Mitmenschen zu betrachten und zu ergründen. Wenn wir andere Sichtweisen auch nicht teilen können und manchmal nicht einmal verstehen werden, so sollten wir mindestens Respekt und Toleranz aufbringen. Dies bedeutet keine Selbstaufgabe.

Ich kann nur erfolgreich zur Genesung der Patienten beitragen, wenn ich mein Wissen und Können nicht verleugne und andererseits jegliche Art von Selbstüberhöhung vermeide.

Im Dienstleistungsgewerbe – und im weitesten Sinne gehört das Gesundheitswesen auch dazu – sagt man: Der Kunde ist König.

> **⚓ Nehmen Sie sich Zeit zum Nachdenken**
>
> Nehmen Sie bitte Ihr Strategieheft zur Hand und überlegen Sie:
>
> - Wird Ihr bisheriges kommunikatives Verhalten den Grundlagen des Beziehungsmanagements gerecht?
> - Gelingt es Ihnen, im zwischenmenschlichen Bereich zu überzeugen? Befragen Sie dazu auch Freunde oder Bekannte.
> - Wenn nicht, was können Sie in Zukunft tun, damit Ihnen dies gelingt?

1.3 Der andere Mensch im Mittelpunkt

Bei Prof. Dr. Herbert Maschnick – im folgenden Beispiel haben wir die Namen geändert – ist folgende Vorgehensweise die Regel:

Die Patientin Elisabeth Hennrich wartet auf ihre Nierenoperation. Heute Nachmittag ist es soweit. Frau Hennrich hat Angst vor der Operation, sie ist nicht ganz ungefährlich. Im letzten Jahr ist ihr Mann in derselben Klinik operiert worden. Vormittags ist ein Gespräch mit dem operierenden Oberarzt, Prof. Maschnick, angesetzt. Nun ist der Oberarzt da, er nutzt gleich die ersten Sekunden des Gesprächs, um zu Elisabeth Hennrich ein Vertrauensverhältnis aufzubauen. Der erste Eindruck ist entscheidend – der Professor bricht das Eis, indem er die gelungene Operation von Herrn Hennrich anspricht. Er rückt einen Stuhl an das Bett der Patientin heran, schaut ihr während des Gesprächs in die Augen. »Wir werden alles tun, um Ihnen die Operation so leicht wie möglich zu machen«, erläutert der Arzt, »was können wir tun, damit Sie sich bei uns wohl fühlen?« Danach erläutert er der Patientin kurz den Verlauf der Operation, schildert auch die Gefahren. »Haben Sie noch Fragen, Frau Hennrich?« Die Fragen der Patientin betreffen weniger die Operation selbst als vielmehr ihre Angst, aus der Narkose nicht mehr zu erwachen. Man liest und hört ja so viel von Kunstfehlern, von übermüdeten Ärzten, die 20 Stunden ununterbrochen am OP-Tisch stehen. Prof. Maschnick beruhigt die Patientin und bittet sie, ihre weiteren Fragen an Schwester Hannah zu richten, er selbst muss zum nächsten Patienten. Ebenso wie der Professor beantwortet die Schwester Frau Hennrichs Fragen in einer verständlichen Sprache, vermeidet dabei die Verwendung irritierender medizinischer Fachbegriffe.

Prof. Maschnick hat gemeinsam mit seinem Team ein Training durchlaufen, in dem der Aufbau eines Vertrauensverhältnisses zu Mitarbeitern wie Patienten im Mittelpunkt stand.

Er hat als Vorraussetzung für ein erfolgreiches Beziehungsmanagement trainiert, »im Kopf des Patienten« zu denken und sich somit in seine Lage hinein zu versetzen.

Natürlich spielt der Kostendruck im Gesundheitswesen eine gewichtige Rolle. Die Schere zwischen Anforderungen und der zur Verfügung stehenden Zeit klafft immer weiter auseinander. Wie kann trotz des Dilemmas der Aufbau einer vertrauensvollen Beziehung im Sinne einer primären Orientierung zum Patienten geleistet werden?

Die meisten Ärzte und Pflegekräfte haben eine hervorragende Einstellung zu ihrem Beruf. Doch im Alltagsstress wird diese oftmals zermürbt. Es entsteht eine Negativspirale: Stress und Überbelastung ziehen einen autoritären und eher rauen Führungsstil nach sich, der zu Unzufriedenheit bei den ohnehin überarbeiteten Mitarbeitern führt. Leidtragender ist dann zumeist der Patient. Damit Ärzte und andere medizinische Führungskräfte aus diesem circulus vitiosus herausfinden können und zum Vertrauensaufbau fähig sind, sollten einige elementare Aspekte beachtet werden:

- Der Patient sollte als Kunde betrachtet werden, dem der Arzt und sein Team einen Nutzen erbringen wollen.
- Vertrauenssaufbau ist Einstellungssache. Der erfolgreiche Umgang mit dem »Kunden« und den Mitarbeitern setzt den erfolgreichen Umgang mit sich selbst voraus.
- Vertrauen schafft, wer dem Patienten und dem Mitarbeiter authentisch und glaubwürdig gegenübertritt.
- Vertrauen lässt sich im direkten Gespräch aufbauen.
- Der Arzt übernimmt beim Vertrauensaufbau eine Vorbildfunktion für sein Team.

Wie Sie sich diese Einstellung erarbeiten können, stellen wir im zweiten Teil dar. Jetzt, in ► Kap. 2, aber beschäftigen wir uns mit den zehn Regeln des Beziehungsmanagements.

Die zehn Regeln des Beziehungsmanagements

»Es hört doch jeder nur, was er versteht.«
Johann Wolfgang von Goethe

Gutes Beziehungsmanagement unterliegt einfachen Grundregeln.

Das In*tem*-Institut (Institut für Trainingsentwicklung und Methodenforschung) in Mannheim hat diese Grundregeln in den zehn Regeln des Beziehungsmanagements niedergelegt:

Die zehn Regeln des Beziehungsmanagements im Überblick

1. Schaffen Sie Gemeinsamkeiten.
2. Nutzen Sie die einmalige Chance des ersten Eindrucks.
3. Sprechen Sie Menschen mit ihrem Namen an.
4. Zeigen Sie Ihrem Gesprächspartner ehrliches Interesse.
5. Haben Sie den Mut, Ihre eigene Individualität zu entwickeln.
6. Fragen Sie gut, aber hören Sie noch besser zu.
7. Geben Sie aufrichtig Lob und Anerkennung.
8. Achten Sie auf den Standpunkt des Anderen.
9. Wer Beziehungsnutzen bietet, gewinnt.
10. Mögen Sie Ihre Gesprächspartner.

Wir möchten uns nun gemeinsam mit Ihnen diese zehn Regeln näher anschauen. Sie dienen generell dem Beziehungsaufbau zu allen Menschen – also auch zu Ihren Patienten *und* zu Ihren Mitarbeitern.

2.1 Regel 1: Schaffen Sie mit Ihrem Gesprächspartner Gemeinsamkeiten

Eine alltägliche Situation: Ein Patient sieht die Notwendigkeit einer Therapie ein, möchte aber noch nicht zustimmen. Stattdessen verschiebt er die Entscheidung immer wieder auf einen unbestimmten Zeitpunkt »nach meinem Urlaub.« Was können Sie in einer solchen Situation tun?

Ein Arzt, der mit anderen Menschen eine vertrauensvolle Beziehung aufbauen kann, löst das Problem auf sehr elegante Art. Er erklärt dem unschlüssigen Patienten nicht noch einmal die Notwendigkeit und den Nutzen der Therapie. Außerdem vermeidet er es, ihn zu bedrängen. Er verlagert das Thema stattdessen auf den Urlaubsort und fragt den Patienten, wohin er denn fahre. Sofort wechselt der Zustand des Patienten von Abwehr zu Freude und Offenheit – Urlaubsstimmung eben. Er erzählt, dass er auch in diesem Jahr wieder einen norddeutschen Badeort besuchen wird. Oft wird Geschick mit Glück belohnt: Der Arzt kennt die Stadt, da er dort als Kind oft Ferien mit den Eltern verbracht hat. Es dauert nicht lange, bis Arzt und Patient Namen von Ortsteilen, Stränden und Restaurants austauschen und in Urlaubserinnerungen schwelgen. Dann sagte der Patient unvermit-

telt: »Wissen Sie was, ich bin mit der Therapie einverstanden, lassen Sie uns gleich nach dem Urlaub damit beginnen.«

Woher kommt der plötzliche Sinneswandel? Welches Wissen hatte der Patient erhalten, das er vorher nicht hatte, für seine Entscheidung aber offenbar benötigte? Welche Information bezüglich der Behandlung hat ihm der Arzt in der Zeit gegeben, in der er sich ausdrücklich nicht über die Behandlung mit ihm unterhalten hat?

Nun, ganz einfach, der Arzt hat signalisiert: »Wir haben gemeinsame Erinnerungen und gemeinsame Vorlieben, wir sind uns ähnlich, daher kann ich dich verstehen und deshalb ist mein Rat für dich der richtige. Du bist in der Obhut einer Praxis, die versteht, was dir wirklich wichtig ist.«

Sie waren sicher in Ihrem bisherigen Leben mit bestimmten Menschen – Partner, Freunde, Verwandte oder Kollegen – völlig im Einklang. Lag diese Übereinstimmung vielleicht an der Ähnlichkeit von Gefühlen, Ansichten, Einstellungen, Glaubensprinzipien, Ausdrucksweise und Gestik? Bestand das Gefühl, sich besonders gut zu verstehen, gleich zu »schwingen«?

Solch eine Übereinstimmung entsteht durch die Fähigkeit, sinnbildlich die Welt des Anderen zu betreten, ihm damit das Gefühl zu geben, dass er verstanden wird und eine enge Verbindung zwischen ihnen beiden besteht. Als guter Beziehungsmanager sollten Sie in der Lage sein, diese starke gegenseitige Verbindung herzustellen.

Dies funktioniert, indem man Gemeinsamkeiten schafft oder entdeckt.

Solche Gemeinsamkeiten entstehen oft dadurch, dass man sich über Bekanntes austauscht. Gemeinsamkeiten lassen sich über Informationen herstellen, die dem Arzt – etwa aus vergangenen Gesprächen – aus dem persönlichen Bereich des Patienten bekannt sind und die er sich auf einer Karteikarte notieren kann: Informationen zu Hobbys, zum Geburtstag und zu anderen privaten Angelegenheiten. Beispielsweise kann der Arzt den Patienten mit den Worten begrüßen: »Wie ist denn die Geburtsfeier Ihrer Tochter verlaufen?«

Untersuchungen haben ergeben, dass Kommunikation und Beziehungsmanagement nicht nur aus Worten bestehen. Eine Beziehung zu unseren Mitmenschen entsteht zu gut 90% über den nonverbalen Bereich sowie dem Eindruck, den wir vermitteln. Nur ca. 10% bestehen aus Fakten, also dem, was wir mit Worten ausdrücken. Das bedeutet, dass Gestik, Mimik, Tonfall und der Ausdruck unseres Körpers die wichtigsten Kommunikationsmittel sind. Somit kommuniziert man nicht nur verbal mit einem Partner, sondern auch nonverbal, wobei der nonverbalen Kommunikation der größere Anteil zukommt.

Wir wirken immer – auch wenn wir nichts sagen!

Prüfen Sie dies im eigenen Umfeld. Denken Sie an einen Menschen, in dessen Gegenwart Sie sich besonders wohl fühlen. Inwieweit ähneln seine Sprechweise, Gestik, Auftreten, Einstellungen, Neigungen und Hobbys den Ihren?

Nun denken Sie an eine Person, mit der Sie nicht so gut auskommen. Überprüfen Sie auch hier die relevanten Punkte. Hat dieser Mensch eine schnellere oder langsamere Sprechweise, vielleicht andere Hobbys oder Ansichten, ist sein Verhalten different?

Wir mögen zumeist diejenigen Menschen, die ähnlich wie wir selbst sind oder die Eigenschaften besitzen, die wir selbst gerne hätten. Wir identifizieren uns mit gleichgesinnten Menschen. Vielleicht gehören wir demselben Verein an, sehen dasselbe Fernsehprogramm oder hören gerne dieselbe Musik.

In Untersuchungen wurde festgestellt, dass die wirkungsvollste Form der Verbindung zu einer anderen Person sich in der Angleichung von Körperhaltung, Gestik, Mimik, Tonfall usw. ausdrückt. Wir können, indem wir mit dem Anderen gleich »schwingen«, eine gute Atmosphäre erzeugen und so Gemeinsamkeiten herstellen. Worte wirken auf das Bewusstsein eines Menschen, Körpersprache hingegen wirkt auf das Unbewusste. Unser Gesprächspartner deutet unbewusst, er empfindet beispielsweise: »Dieser Mensch ist wie ich. Er muss in Ordnung sein!«

Die sich unbewusst entwickelnde Verbindung lässt ein starkes Beziehungsfeld entstehen. Dies kann nur entstehen, wenn Menschen gemeinsam einige Zeit miteinander verbringen und sich dabei gut verstehen. Ganz unwillkürlich »schwingen« sie dann gleich.

Sie können daraus auch Nutzen für Ihr Beziehungsmanagement ziehen, indem Sie dieses »Schwingen« bewusst herstellen. Durch Angleichen Ihrer Physiognomie an die Ihres Gesprächspartners wird dieser sich wohl fühlen und ganz unbewusst eine angenehme Beziehung zu Ihnen aufbauen.

Vielleicht fragen Sie sich jetzt: »Soll ich mein Gegenüber nachahmen? Ich gebe doch meine eigene Persönlichkeit nicht auf!« Es bedeutet nicht zwangsläufig Nachahmung, sich mit dem Gesprächspartner allegorisch auf eine Wellenlänge zu begeben. Bei Personen, mit denen Sie sich gut verstehen, ist ein bewusstes Herstellen dieser Gemeinsamkeiten nicht notwendig, da Sie ganz automatisch und natürlich mit diesen Menschen gleich »schwingen«.

Scheuen Sie sich nicht, diesen Gleichklang auch bewusst herbeizuführen. Probieren Sie es einfach aus und Sie werden bemerken, wie verbunden sich andere Menschen mit Ihnen fühlen und wie Sie Ihnen vertrauen. Vertrauen erzeugt Übereinstimmung genau wie Übereinstimmung Vertrauen schafft.

2.2   Regel 2: Nutzen Sie die einmalige Chance des ersten Eindrucks

Ein Patient betritt die Praxis: Er wird von einer unfreundlichen Mitarbeiterin an der Rezeption empfangen: »Ihre Karte!« – das ist alles, was er zu hören bekommt.

Für vieles auf dieser Welt gibt es zwei oder mehrere Chancen. Wenn Sie auf einer Rechnung einen falschen Betrag eingesetzt haben, dann führen Sie eben eine Korrekturbuchung durch. Wenn Sie Ihr Ziel nicht erreicht haben, dann versuchen Sie es erneut. Nur bei einer Sache gibt es keine zweite Chance: beim ersten Eindruck!

Das Marktforschungsinstitut Princeton Research & Consulting Center aus den USA hat Folgendes festgestellt: In drei von vier Fällen wird eine endgültige Kaufentscheidung aufgrund des ersten Eindrucks beim Erstkontakt gefällt.

Aufgrund unserer Erfahrungen wissen wir, dass dies in einer medizinischen Praxis nicht anders ist. Der Patient urteilt mit Hilfe des ersten Eindrucks über die Klinik oder Praxis und die dortigen Mitarbeiter. Bei der Mitarbeiterführung verhält es sich ähnlich. Der erste Eindruck auf beiden Seiten entscheidet darüber, ob eine gelungene Kommunikation entstehen kann oder nicht.

Wichtig für den ersten Eindruck ist, *was* Sie sagen und *wie* Sie es sagen, *was* Sie tun und *wie* Sie es tun.

Stellen Sie sich vor, Sie lernen jemanden kennen. Überdenken Sie einmal Ihre Handlungen und Worte nach der Begrüßung. Reden Sie nur von sich oder auch von Ihrem Gegenüber? Was ist für Ihren Partner von Interesse? Wie ist Ihr Tonfall, Ihre Gestik, Ihre Mimik, Ihre Körpersprache? Was denken Sie in diesen Sekunden von Ihrem Gegenüber? Wie gehen Sie auf ihn zu? Lächeln Sie dabei?

Versuchen Sie, gleich zu Beginn eines Gespräches sich auf Ihr Gegenüber einzuschwingen. Besonders wichtig hierbei sind nicht nur verbale und nonverbale Schwingungen, berücksichtigen Sie darüber hinaus auch die Stimmung Ihres Gesprächspartners. Einen Kollegen, der einen deprimierten Eindruck macht, sollten Sie nicht mit »Hallo, ist das nicht ein wundervoller Tag heute!« ansprechen. Einen Patienten, der fröhlich und lachend vor Ihnen steht, sollten Sie nicht mit monotoner Stimme begrüßen.

Beobachten Sie Ihr Gegenüber, seine Sprache, sein Verhalten, seine Bewegungen und passen Sie sich diesem Verhalten an.

2.3 Regel 3: Sprechen Sie Menschen mit ihrem Namen an

Sie alle kennen ein Lieblingswort Ihres Patienten und Ihrer Mitarbeiter – es ist ihr jeweiliger Name! Sprechen Sie Ihren Gesprächspartner mit seinem Namen an, nicht nur bei der Begrüßung, sondern auch während des gesamten Patienten- oder Mitarbeitergesprächs. Jeder Mensch fühlt sich besonders wohl, wenn er häufig mit seinem Namen angesprochen wird. Es gibt ihm ein Gefühl der Wertschätzung, ein Gefühl, mit dem Gegenüber vertraut zu sein.

Allerdings ist es nicht einfach, sich Namen zu merken.

Ist es nicht peinlich, wenn dem Arzt der Name eines Patienten oder gar dessen Krankengeschichte nicht einfallen will? Zur Steigerung des Vertrauensverhältnisses trägt es auch nicht bei, wenn Herr Müller in der Erinnerung des Arztes zu Herrn Schmitt mutiert. Folglich muss die Kommandozentrale Gehirn mit der Unterabteilung Gedächtnis trainiert werden.

Der Arzt kann die peinliche Situation verhindern, indem er den Namen seines Patienten gedanklich mit dessen Gesicht verbindet oder mit charakteristischen Merkmalen wie etwa dem Muttermal, den buschigen Augenbrauen à la Theo Waigel, der außergewöhnlichen Narbe auf dem linken Schulterblatt. Diese Informationen werden schließlich zu einem Bild verdichtet. Grundlage eines gut funktionierenden Gedächtnisses ist die Fähigkeit zum bildhaften Denken.

Zur Verdeutlichung sei ein klassisches Beispiel angeführt: »Ein Zweibein sitzt auf einem Dreibein und isst ein Einbein. Da kommt ein Vierbein und klaut dem Zweibein das Einbein. Da nimmt das Zweibein das Dreibein und schlägt es dem Vierbein auf den Kopf.«

Diese Geschichte nachzuerzählen, bereitet den meisten Menschen ernsthafte Probleme. Das Gedächtnis weigert sich, die Beine in die richtige Reihenfolge zu bringen.

Schließen Sie die Augen und stellen sich dabei Folgendes vor: Sie selbst, ein Mensch, sitzen auf einem Hocker und essen ein Hühnerbein. Ein Hund stört Sie, deshalb schlagen Sie ihm den Hocker um die Ohren. Das lässt sich leichter merken als die vielbeinige Erzählung. Die Hühnerbeingeschichte ist allzu vollgestopft mit Zahlen und spricht daher lediglich die linke – und analytische – Gehirnhälfte an. Die bildhafte Geschichte mit Mensch (Zweibein), Hocker (Dreibein), Hühnerbein (Einbein) und Hund (Vierbein) verpackt die abstrakte Geschichte in Bilder und gibt somit auch der rechten Gehirnhälfte Futter, deren Stärke das assoziative Denken ist.

Ein gutes Gedächtnis steigert das Selbstbewusstsein und verleiht Sicherheit. Gerade bei neuen Patienten ist es vorteilhaft, sie des Öfteren namentlich anzusprechen. So drückt der Arzt seine Wertschätzung aus und erhöht die Patientenbindung. Voraussetzung: Er hat den Namen parat. Nicht immer ist ein Name so einprägsam wie »Bauer«. Hier können Sie einfach Herrn Bauer mit einem Landwirt in Verbindung bringen. Selbst wenn Herr Bauer gar nichts mit einem Bauern gemein hat, hilft diese Vorstellung dem Gedächtnis. Was aber, wenn der Partner Kollakowsky heißt? Vielleicht helfen Ihnen die folgenden Tipps, wenn Sie es wieder mit einem besonders kniffligen Namen zu tun haben:

- Der wohl wichtigste Punkt, sich einen Namen zu merken, ist, dass Sie sich den Namen wirklich einprägen wollen. Immer wieder hört man: »Ich kann mir Namen einfach nicht merken, deshalb probiere ich es erst gar nicht«. Tatsächlich reagieren wir unbewusst auf diese konkrete Ablehnung, indem die Namen erst gar nicht gespeichert werden. Motivieren Sie sich (»Es macht mir Spaß, Namen gut zu merken!«) und stellen Sie sich den Nutzen für Sie vor.
- Verschaffen Sie sich einen nachhaltigen Eindruck, hören Sie sich den Namen genau an und schreiben Sie ihn eventuell sofort auf. Lassen Sie sich schwierige Namen buchstabieren und notieren Sie diese, gleich, ob dies im persönlichen Gespräch oder am Telefon geschieht.
- Prägen Sie sich von der Person so viele Einzelheiten wie möglich ein: Gesicht, Augen, Bart, Frisur oder Stimme, Größe sowie andere besondere Merkmale oder Eigenschaften.
- Wiederholen Sie den Namen häufig, d. h. lassen Sie den Namen Ihres Gesprächspartners immer wieder in das Gespräch einfließen. Wiederholen Sie den Namen eventuell auch

später alleine für sich selbst und schreiben Sie ihn einige Male nieder.

- Assoziieren Sie zur Person – wie bereits erwähnt – ein von Ihnen erdachtes Bild. Um sich einen Namen zu merken, müssen die Person und das erdachte Bild fest miteinander verknüpft werden bzw. die Person muss Bestandteil des Bildes sein. Dann werden Sie beim nächsten Zusammentreffen mit dieser Person automatisch das Bild wieder vor Augen haben.
- Es gibt prinzipiell zwei Methoden, sich Namen zu merken. Zunächst unterscheidet man Namen mit konkreter Bedeutung wie Berufsbezeichnungen (Müller, Schreiner, Schuster etc.) oder Tiernamen (wie Hase, Vogel etc.). Beispielsweise stellt man sich Herrn Bauer als Landwirt vor.
- Dann gibt es Namen ohne konkrete Bedeutung. Diese Gruppe erfordert etwas mehr Phantasie, um sich Bilder zu schaffen. Herr Strambach: »steht stramm in einem Bach« oder Herr Seßler: »baut Sessel« usw. Nun zum bereits erwähnten Herrn Kollakowsky? Stellen Sie ihn sich beim Skifahren mit einer Colaflasche auf dem Kopf vor. Die Merkhilfe lautet: »Hat Cola auf dem Kopf und fährt Ski« = Kollakowsky.

Dies ist also eine kreative Herausforderung, die Spaß macht. Bilder bleiben in unserem Gedächtnis sehr lange gespeichert und abrufbereit. Um Nachhaltigkeit erreichen zu können, sind dem freien Assoziieren keine Grenzen gesetzt. Im Gegenteil: Je bizarrer, desto einprägsamer! Nur Mut beim Probieren – Gedanken kann niemand lesen!

2.4   Regel 4: Zeigen Sie Ihrem Gesprächspartner ehrliches Interesse

Eine Ärztin erzählte uns einmal das folgende Erlebnis: Sie hatte einen schwierigen Patienten, der immer herumnörgelte und nichts von Gesundheitsprävention wissen wollte. Statt sich darüber zu ärgern, erkundigte sie sich nach der Ursache. Tatsächlich war dies eine Frage, die sie wirklich interessierte. So erfuhr sie, dass der Mann gerade nach 15 Ehejahren von seiner Frau verlassen worden war und mit seinem Geschäft – in das er viel Arbeit investiert hatte – in finanzielle Schwierigkeiten geraten war. Damit war seine Altersvorsorge hinfällig.

Wie sehr glaubt ein Mann mit diesen Erfahrungen an Vorbeugung? Die Ärztin hörte genau zu, zeigte Verständnis und gab ein paar Tipps zur Hausarbeit. Bald darauf wendete sich das Blatt wieder. Neben dem geschäftlichen Aufschwung lernte er eine andere Frau kennen. Plötzlich gab es für ihn wieder eine Zukunft. Seither ist der Mann offen für die Vorschläge der Ärztin zur Gesundheitsprävention.

Je ehrlicher Ihr Interesse am Patienten und seinen Wünschen ist, desto besser wird Ihr Beziehungsmanagement funktionieren. Ihr Gesprächspartner wird spüren, dass Sie sich ehrlich für ihn interessieren und ein offenes Ohr für Ihre Vorschläge haben. Er fühlt sich dann bei Ihnen gut aufgehoben und wird zu einem Ihrer zufriedenen Stammpatienten.

Zeigen Sie ebenso ehrliches Interesse an Ihren Mitarbeitern. Wir meinen nicht das Heucheln von Interesse. Wenn Sie ehrliches Interesse zeigen wollen, dann müssen Sie sich für den Mitarbeiter engagieren, ihm aufmerksam zuhören und ihm dies auch klar verdeutlichen. Benutzen Sie die ganze Vielfalt der Ausdrucksmöglichkeiten, die Ihnen zur Verfügung steht. Verdeutlichen Sie ihm mit Gestik, Mimik, Wort und Körperhaltung Ihr Interesse an seiner Meinung.

2.5   Regel 5: Haben Sie den Mut, Ihre eigene Individualität zu entwickeln

Bekannte Sportler, Schauspieler, Künstler oder auch jemand aus der Familie sind oft unsere Vorbilder. Bei einigen Menschen führt dies zur vollständigen Imitation des Vorbildes, zugleich vernachlässigen sie ihre eigene Individualität oder geben sie gänzlich auf. Normalerweise sollte es uns gelingen, unseren eigenen Weg zu finden. Wer seinen eigenen Stil gefunden hat, ist mit sich selbst zufrieden. Man bringt sich damit in einen positiven Zustand und kann sich nach außen entsprechend professionell verhalten. Jeder Mensch ist einzigartig, aber er muss seine individuelle Art entdecken und sie gezielt auf- und ausbauen.

Natürlich kann man sich alles im Leben selbst erarbeiten und vermitteln. Sie können sich täglich der Herausforderung von Versuch und Irrtum stellen. Doch das Leben ist dafür eigentlich zu kurz. Deshalb hat das Modellieren, das Übernehmen von Eigenschaften durchaus seine Berechtigung.

Übernehmen Sie Ihnen genehme Eigenschaften und Verhaltensweisen von anderen, ohne damit gleich ihre Identität preiszugeben. Beschleunigen Sie Ihre Lernkurve, indem Sie von den Erfolgen (und Misserfolgen) anderer

profitieren. Übernehmen Sie bereits erfolgreich von Ihren Mitmenschen praktizierte Strategien. Wenn Ihnen an einem Menschen ein Verhaltensmuster gut gefällt, scheuen Sie sich nicht, denjenigen danach zu fragen. Fragen Sie:

- Was ihm wichtig ist
- Nach seinen Werten
- Was er für seine Zufriedenheit tut
- Wie er seine Ziele erreicht
- Nach seinen Überzeugungen
- Was ihn motiviert

Versuchen Sie, möglichst viele dieser Punkte auf Ihre individuelle Art zu übernehmen. Verwenden Sie die Erfahrungen und Einstellungen Ihres Vorbildes, um Ihre einzigartige Individualität zu perfektionieren.

2.6 Regel 6: Fragen Sie gut, aber hören Sie noch besser zu

Folgende Episode trug sich auf der Weihnachtsfeier einer orthopädischen Gemeinschaftspraxis zu: Pflegekräfte und Ärzte verbrachten einen gemütlichen Abend miteinander. Eine Mitarbeiterin war neugierig darauf, in netter Runde einmal das »gleiche Schwingen« auszuprobieren. Sie meinte, dies sei einfacher, wenn der Gesprächspartner etwas erzähle. Sie könne sich beim Zuhören mehr auf das »Einschwingen« konzentrieren. Sie wollte dies nicht mit einer Krankenschwester probieren, weil es mit den meisten Kolleginnen gut funktioniert. Folglich probierte sie es mit einem Arzt, mit dem sie bisher noch nicht viel zusammengearbeitet hatte. Der Arzt kam nach einiger Zeit an den Tisch, um sich mit der Angestellten zu unterhalten.

Ganz intuitiv tat die Mitarbeiterin das Richtige, indem sie drei Fragen stellte. Sie fragte den Arzt erstens nach seinen Zielen für das nächste Jahr, zweitens danach, was ihm an seiner Arbeit die meiste Freude bereite, und drittens, warum es ihm wichtig sei, die genannten Ziele zu erreichen. Außerdem erkundigte sie sich danach, was er von den Mitarbeitern erwarte, um ihn unterstützen zu können.

Durch diese Fragen wurde die Ebene des Small talk verlassen, der Arzt erzählte lange. Die Mitarbeiterin konnte ihm in Ruhe zuhören und sich so ganz allmählich auf ihn einschwingen. Sie selber sprach wenig, gab nur ab und zu eine Bestätigung und hörte den Äußerungen des Arztes intensiv zu.

Als der Arzt schließlich zum Nachbartisch wechselte, bemerkte er: »Es freut mich, in Ihnen eine besonders aktive Mitarbeiterin zu haben. Vielen Dank für das interessante Gespräch.« Die Mitarbeiterin war überrascht, denn nach ihrer Meinung hatte sie überhaupt kein Gespräch geführt. Ihr Redeanteil hatte insgesamt nicht mehr als 5 Minuten betragen und dennoch hatte der Arzt das Gespräch als sehr angenehm empfunden.

Dieses Beispiel zeigt, wie nützlich es sein kann, manchmal einfach nur zuzuhören. Das richtige Formulieren entscheidender Fragen sowie aufmerksames Zuhören sind wichtige Bestandteile der hohen Kunst des Beziehungsmanagements und erfolgreich verlaufender Kommunikation.

Fragen Sie Ihren Patienten, was er möchte, und lauschen Sie aufmerksam den Antworten. Hören Sie zu, oder besser hören Sie genau hin.

Versuchen Sie, sich in die Antwort des Patienten hineinzuversetzen, um seine Wünsche zu eruieren. Seine Motive sind oft nicht eindeutig aus den gesprochenen Worten zu erkennen. Versuchen Sie, seine Gedanken zu erfassen. Wiederholen Sie die Essenz mit Ihren eigenen Worten. Sie werden am Verhalten Ihres Patienten schnell feststellen, ob Sie ihn richtig verstanden haben. Wenn er erkennt, dass Sie ihn wirklich verstehen, wird dies die Vertrauensebene enorm verstärken. Gegenseitiges Verständnis ist eine unabdingbare Voraussetzung für das Wohlbefinden.

Warum fällt es vielen Ärzten so schwer zuzuhören? Warum erzählen sie mehr als sie fragen?

Bei einem Patientengespräch sollten vom Redeanteil auf den Patienten 60–70% und auf den Arzt nur 30–40% entfallen. In der Praxis ist es meist umgekehrt. Häufig kommt der Patient kaum zu Wort. Er sollte von seinen Wünschen und Vorstellungen berichten, um diese in Einklang mit seiner Zustimmung für medizinische Maßnahmen zu bringen.

Die Bedeutung des Zuhörens ist eigentlich eine Lebensweisheit: »Der liebe Gott hat uns zwei Ohren, aber nur einen Mund gegeben, um doppelt so viel zu hören wie zu reden.«

Die Fragekompetenz des Arztes im Patienten- und Mitarbeitergespräch und die einzelnen Fragearten werden uns später noch ausführlicher beschäftigen. Hier möchten wir Ihnen zunächst einmal eine Fragetechnik vorstellen, die für den Vertrauensaufbau im Patientengespräch besonders geeignet ist.

Der dreiteilige Frageschlüssel

Fragen unterteilt man nicht nur in offene und geschlossene Fragen, man unterscheidet sie auch nach dem aus den Antworten zu erwartenden Informationsgehalt.

Frageprofis arbeiten auf drei Ebenen, sie ergeben zusammen eine der wichtigsten und wirkungsvollsten Fragekombinationen. Lesen Sie für jede Ebene die entsprechende Frage:

1. »Was erwarten Sie von ...?«: Dies ist eine **Zielfrage**, durch die Sie erfahren, welche Vorstellung der Patient hat.
2. »Was bedeutet für Sie ...?« ist eine **Verständnisfrage**, die Ihnen das konkrete Bild liefern soll, welches der Patient vor Augen hat.
3. »Was ist an ... für Sie wichtig?« ist eine **Wertefrage**. Sie führt Sie zum Motiv Ihres Patienten, dem Grund, der ihn beispielsweise zum Einverständnis eines Therapievorschlages bewegt.

Wir möchten hierzu ein Beispiel aus einem Patientengespräch anfügen, das in einer Zahnarztpraxis durchgeführt wurde und als dessen Ergebnis eine Teleskopprothese angefertigt werden konnte. Ein Patient antwortete auf die Frage, ob er mit seiner (unter fachlichen Gesichtspunkten mangelhaften) Oberkieferversorgung zufrieden wäre, dass er keine Veränderung wünsche. Der Arzt akzeptierte diese Meinung, erkundigte sich nach dem Alter dieser »gut gemachten« Prothese und lobte sie dann noch einmal als Langzeiterfolg, was sie bei zehn Jahren Tragedauer auch zweifellos war. Dann fügte er jedoch hinzu: »...obwohl man heute einige Dinge etwas anders machen würde«. Damit weckte er das Interesse des Patienten. »Was würde man denn anders machen?«, erkundigte er sich. Damit hatte der Arzt die Möglichkeit, jene drei Schlüsselfragen nach dem Ziel, dem Verständnis und dem Wert zu stellen:

1. »Herr Müller, da gibt es viele Varianten. Was erwarten Sie von einer perfekten Prothese?« Die Antwort: »Dass sie nicht kippelt, so wie es meine tut.«
2. »Was meinen Sie damit?« Die Antwort: »Wenn ich mich konzentriere, spüre ich einen Bewegungsspielraum. Dann fange ich häufig an, mit der Prothese zu spielen.«
3. »Warum ist das so störend für Sie? Warum ist es Ihnen so wichtig, dass die Prothese nicht kippelt?«

Jetzt lautete die Antwort: »Meine Familie stört das sehr. Außerdem komme ich mir wie ein Mümmelgreis vor, wenn sie mich darauf ansprechen.«

Es gibt unterschiedliche Motive, die für Ihren Patienten von Bedeutung sein können. Die individuellen Antworten lassen sich nicht vorhersagen und werden bei jedem Menschen anders ausfallen. Mit dem Wissen über das Motiv sind Sie in der Lage, die richtige Kommunikations- und Argumentationsstrategie zu entwickeln.

2.7   Regel 7: Geben Sie aufrichtig Lob und Anerkennung

Wir möchten auch dieses Gebot mit einem Beispiel einleiten: Eine Patientin hatte noch Fragen bezüglich eines Kostenplans, und es war zu befürchten, dass es eine Diskussion um die Kosten geben würde. Der Arzt, ein Augenarzt, eröffnete das Gespräch nicht wie gewöhnlich mit »Guten Tag, wie geht es denn?«, sondern arbeitete gleich zu Beginn des Gesprächs mit den Beziehungsförderern Lob und Anerkennung. Das Gespräch lief folgendermaßen ab:

»Guten Tag, Frau Madelung (Name geändert). Heute machen Sie auf mich aber einen besonders erholten Eindruck. So bewegt man sich nicht, wenn man den ganzen Tag nur sitzt.« Frau Madelung lächelte und erklärte, dass sie regelmäßig jogge und auch ein Fitnessstudio besuche. Der Arzt fragte weiter: »Wie weit laufen Sie denn so?« »Nun, etwa 20 Kilometer in der Woche,» antwortete die Patientin, »meine Wohnung liegt direkt am Park. So kann ich immer sofort nach der Arbeit loslaufen.« Nun fragte der Arzt: »Warum haben Sie denn damit angefangen, Frau Madelung?« Sie erzählte: »Durch meinen Beruf als Sekretärin muss ich viel sitzen. Irgendwann merkte ich, dass mir schnell die Puste ausging. Außerdem hatte ich das Hungern im Sommer satt. Also entschloss ich mich, etwas für meine Figur zu tun. Anfangs kostete es Überwindung, aber nach einiger Zeit ging es besser mit dem Laufen. Die Erfolge im Fitnessstudio konnte ich auch bald sehen«. Der Arzt sagte ihr, dass sie sehr viel Willenskraft bewiesen habe, innerhalb so kurzer Zeit derart erfolgreich zu sein. Darüber freute sie sich sichtlich.

Dieser Arzt ist ein professioneller Hersteller von angenehmen und positiven Zuständen. Er hat verstanden, einen Patienten durch aufrichtiges Lob und Anerkennung in einen positiven Zustand zu versetzen, dem ein positives Verhalten folgen kann. So auch in diesem Fall: Im Verlauf des Gespräches wurden die Kosten erwähnt. Die Patientin wollte wissen, ob die Krankenkasse einen höheren Anteil übernehmen könne. Der Arzt prüfte den Plan noch einmal und bedauerte, dass dies nicht der Fall sei. Die Kalkulation beinhalte bereits den höchstmöglichen Kassenzuschuss. Frau Madelung bedankte sich für die Auskunft und akzeptierte den Eigenanteil.

Prüfen Sie selbst, wie oft Sie von Verwandten oder Kollegen Lob und Anerkennung erhalten. Geschieht dies häufig? Oder überwiegen Druck und Vorwürfe? Selbst wenn andere Menschen unsere Handlungen innerlich anerkennen, sprechen sie dies oft nicht aus. Es erscheint ihnen selbstverständlich.

Ebenso wie Sie selbst benötigen auch Ihre Patienten, und insbesondere Ihre Mitarbeiter, Lob und Anerkennung. Sie sollten Ihren Mitarbeitern gegenüber nicht Tätigkeiten hervorheben, die nicht optimal erfolgt sind – wie leider die meisten Führungskräfte noch vorgehen –, sondern sie für Handlungen und Ergebnisse loben, die gelungen erscheinen. Gründe für Lob und Anerkennung gibt es genügend – man muss sie nur sehen wollen.

Überlegen Sie also stets, was es Lobenswertes an Ihrem Gesprächspartner gibt. Wichtig ist, dass Sie es ehrlich meinen. Formulieren Sie es klar und deutlich und freuen Sie sich mit Ihrem Gegenüber. Dies gilt für berufliche und private Beziehungen.

Beachten Sie also besonders dieses siebte Gebot. Es ist eines der wirkungsvollsten Gebote des Beziehungsmanagements.

2.8   Regel 8: Achten Sie auf den Standpunkt des Anderen

Nicht immer sind wir mit unseren Mitmenschen gleicher Meinung. Dies trifft ebenso auf unsere Mitarbeiter zu, da es viele unterschiedliche Interessen und Sichtweisen gibt. Für den Beziehungsmanager ist das Bereicherung und Herausforderung zugleich. Er sollte den Standpunkt des Gesprächspartners achten und tolerieren, auch wenn er anderer Auffassung ist.

Jeder Mensch sieht und empfindet die Welt individuell verschieden, hat seine eigenen Erfahrungen gesammelt und daraus resultierende subjektive Überzeugungen und persönliche Wertvorstellungen.

Zeigen Sie ehrliches Interesse und lassen Sie sich den Standpunkt Ihres Gegenübers erklären. Versuchen Sie, die Dinge aus der Perspektive des Anderen zu sehen.

Der Erfolg im Umgang mit Menschen beruht zu einem wichtigen Teil auf dem Verständnis für den Standpunkt Ihrer Gesprächspartner. Genau wie Sie es sich für sich selbst wünschen, lassen Sie Ihren Partner spüren, dass Sie seinen Standpunkt ernst nehmen.

Wenn Sie kein Verständnis für einen unbequemen Standpunkt Ihres Gegenübers aufbringen, kann es geschehen, dass Sie sich über den weiteren Verlauf Ihrer Beziehung keine Gedanken mehr machen müssen. Sie wird möglicherweise schon zu diesem Zeitpunkt beendet sein. Dies gilt es zu vermeiden.

2.9 Regel 9: Wer Beziehungsnutzen bietet, gewinnt

Wenn wir bestimmte Handlungen bei anderen Menschen erreichen wollen, müssen wir uns in die jeweilige Person hineinversetzen.

Scheuen Sie keinen Aufwand, dem Gesprächspartner zu verdeutlichen, welchen Nutzen Sie ihm bieten können.

Ein HNO-Arzt erzählte uns einmal folgende Geschichte:

Er hatte einen kleinen Sohn, der fast nie sein Zimmer aufräumte. Das Kind hatte es gerne, wenn sein Papa ihm abends eine Gute-Nacht-Geschichte vorlas. Immer wenn der Vater das Zimmer betrat, schimpfte er über herumliegendes Spielzeug. Jedes Auffordern, gar Drohen oder Bestrafen war nur von begrenzter Wirkung, der unordentliche Zustand stellte sich bald wieder ein.

Da der Arzt von uns erfahren hatte, wie man Beziehungen erfolgreich gestaltet, drohte er seinem Sohn nicht mehr mit dem Weglassen der Gute-Nacht-Geschichte, sondern er sagte: »Ich lese dir gerne eine Geschichte vor, aber ich komme nicht mehr zu dir ins Zimmer, weil ich Angst habe, dass ich beim Hereinkommen auf deine Spielsachen trete und sie kaputtmache.«

Der Arzt berichtete, dass sich das Verhalten seines Sohnes schlagartig änderte. Natürlich wollte der Filius die Gute-Nacht-Geschichte hören. Außerdem wollte er vermeiden, dass sein Spielzeug zerstört würde. Er räumte aus Eigennutz und Sicherheitsdenken sein Zimmer auf, damit der Vater ihm abends vorlesen konnte.

Früher wollte der Vater, dass der Junge sich anders verhält, dass er aufräumt und alles an seinen Platz legt. Dieser Wunsch bezog sich jedoch ausschließlich auf die Vorstellungswelt des Vaters. Erst als der Sohn einen Nutzen für sich erkannte, war er bereit, sein Verhalten zu ändern.

Nutzen bieten bedeutet, sich sinnbildlich auf den Stuhl des Anderen zu setzen und so zu sprechen, dass sein Gegenüber es verstehen kann. Verhalten Sie sich im Arbeitsumfeld Ihren Patienten und Mitarbeitern gegenüber ebenso. Präsentieren Sie Ihrem Chef, Ihren Kollegen und sonstigen Mitmenschen durch entsprechende Fragen den Nutzen des Gespräches.

Wenn Sie z. B. durch gezieltes Nachfragen erreicht haben, dass Ihr Patient Ihnen seine Wünsche mitteilt, müssen Sie diese Wünsche nur noch mit dem notwendigen Nutzen verbinden. Auf diese Weise könnte sich Ihr Patient mit dem Therapievorschlag einverstanden erklären. Da Sie als Arzt in diesem Moment Ihren Patienten stark in ein Vertrauensverhältnis einbezogen haben, wird es nicht notwendig sein, dass Sie ihm etwas empfehlen. Ihr Patient möchte nun das für ihn Richtige unbedingt bekommen. Er rät sich selber, Ihre Argumentation zu befolgen.

Die meisten Menschen neigen dazu, in ihren Gesprächen eigene Probleme in den Vordergrund zu rücken. Häufig versäumen sie dabei, den Nutzen für ihre Mitmenschen zu betonen. Möglicherweise haben sie sich über die wahre Kunst des Beziehungsmanagements noch keine Gedanken gemacht. Aber bedenken Sie bitte: Jeder Gesprächspartner hinterfragt den Nutzen eines Gespräches. Erhält er darauf keine schlüssige Antwort, wird sein Interesse an Ihnen nachlassen. Menschen gestalten eine Beziehung letztlich unter dem Aspekt eines für sie relevanten Nutzens.

Für den beziehungsorientierten Gesprächspartner folgt daraus: Hinwendung zum wirklichen Interesse und zum Beziehungsnutzen!

2.10 Regel 10: Mögen Sie Ihre Gesprächspartner

Ein Philantrop (= Menschenfreund) zu sein ist ein kurzes und einfaches Gebot. Wer im Beziehungsmanagement erfolgreich sein will, muss folgende Grundvoraussetzung haben: Er muss Menschen mögen. Menschen sind oft unbequem und mit einer Vielzahl charakterlicher Nuancen versehen. Das sollte Sie jedoch nicht beunruhigen. Mögen Sie Ihre Mitmenschen!

Wer das nicht kann, sollte sich überlegen, ob er nicht – metaphorisch betrachtet – auf eine »einsame Insel« auswandert. Manche Menschen sind eben gerne für sich allein. Bekennen Sie sich dazu und schalten Sie Ihr Beziehungsmanagement auf Sparflamme. Sie werden sich selbst einen großen Gefallen tun und mit Ihrem Leben zufriedener sein.

Wenn Sie aber ein aktiver Beziehungsmanager sein wollen, dann sollten Sie auf Menschen zugehen, sie mit all ihren Eigenarten akzeptieren und ernst nehmen. Ein Misanthrop wird nicht erfolgreich sein. Sie müssen Menschen ganz einfach mögen.

> **⌦ Nehmen Sie sich Zeit zum Nachdenken**
>
> Nun ist es an der Zeit, erneut Ihr Strategieheft zur Hand zu nehmen und Ihre Überlegungen zu folgenden Fragen zu notieren:
>
> - Welche der zehn Regeln beachten Sie bereits?
> - Was können Sie tun, um diese in Ihr Verhaltensrepertoire zu übernehmen? Überlegen Sie sich zu jedem Schritt zwei bis drei Maßnahmen, die Sie in den nächsten 8 Wochen in der Kommunikation mit Ihren Patienten und Mitarbeitern umsetzen werden.
>
> Vergegenwärtigen Sie sich dazu noch einmal die Schritte für ein erfolgreiches Beziehungsmanagement. Konzentrieren Sie sich dabei jeweils auf nur einen der Schritte und probieren Sie diesen aus. Wiederholen Sie die Schritte mehrfach, bis sie alle verinnerlicht haben. Schaffen Sie auf diese Weise zufriedenenstellende Beziehungen zu anderen Menschen. Im Gegenzug werden Sie dafür Freude, Lob und Anerkennung ernten.
>
>
> **Die zehn Regeln für erfolgreiches Beziehungsmanagement im Überblick**
>
> 1. Schaffen Sie Gemeinsamkeiten beispielsweise mit Patienten und Mitarbeitern.
> 2. Nutzen Sie nonverbale Kommunikationsmöglichkeiten für den ersten Eindruck.
> 3. Merken Sie sich Namen, weil Sie dies wirklich wollen.
> 4. Seien Sie im Gespräch authentisch, glaubwürdig und zeigen Sie ehrliches Interesse.
> 5. Entwickeln Sie Ihre eigene Identität.
> 6. Hören Sie engagiert und aufmerksam zu.
> 7. Verteilen Sie Lob und Anerkennung.
> 8. Achten Sie auf Stimmungslage und Standpunkt Ihres Gesprächspartners.
> 9. Stellen Sie im Gespräch Fragen, um Nutzen bieten zu können.
> 10. Bemühen Sie sich um jeden Menschen.
>
>
> **Meine wichtigsten Erkenntnisse:**
>
> ____
>
> ____
>
> ____
>
> ____
>
> ____
>
>
> **So setze ich das Gelesene um:**
>
> ____
>
> ____
>
> ____
>
> ____
>
> ____

Der kommunikative »Handwerkskasten«

»Eine Investition in Wissen bringt die besten Zinsen.« Benjamin Franklin

Sie haben nun bereits einige wichtige kommunikative Regeln für Ihre Gesprächsführung mit Patienten und Mitarbeitern kennen gelernt, nämlich:

Kommunikationsregeln für den Beziehungsmanager

- Entwickeln Sie Ihren einzigartigen, persönlichen Gesprächs- und Kommunikationsstil.
- Stellen Sie qualifizierte Fragen.
- Überlassen Sie Ihrem Partner den größeren Redeanteil, so erfahren Sie mehr über seine Wünsche.
- Hören Sie nicht nur zu, lernen Sie, Ihren Gesprächspartner zu »verstehen«.
- Sagen Sie dem anderen aufrichtig, was Sie an ihm mögen.
- Denken Sie nicht nur Gutes – sprechen Sie es auch aus.
- Nehmen Sie den Standpunkt des Anderen ernst.
- Seien Sie bereit, Verständnis zu zeigen.
- Suchen Sie gemeinsam nach Möglichkeiten.
- Zeigen Sie Ihrem Gesprächspartner seinen Nutzen.
- Sprechen Sie kein »Fachchinesisch«, sondern die Sprache Ihres Gegenübers.
- Versetzen Sie sich in Ihr Gegenüber hinein.
- Gehen Sie freudig und aktiv auf Ihre Mitmenschen zu.
- Ein Lächeln ist die kürzeste Verbindung zwischen zwei Menschen. Probieren Sie es aus.
- Der einzige, der nicht stört, ist Ihr Gegenüber.
- Übernehmen Sie ruhig Denk- und Verhaltensweisen von anderen Menschen, die Ihnen besonders gut gefallen.

Kommunikation ist mehr als das Führen eines Gespräches von Person zu Person. Allerdings ist die Gesprächsführung das bedeutendste kommunikative Gebiet, mit dem Sie als Arzt oder nichtmedizinische Leitungskraft in Krankenhäusern, Kliniken und Pflegeinstitutionen zu tun haben. Ihre kommunikative Kompetenz ist ebenfalls in Teamsitzungen, Konferenzen gefragt. Im Folgenden beschreiben wir die wichtigsten Gesprächstechniken und Kommunikationsinstrumente, die Sie für eine erfolgreiche Kommunikation benötigen.

3.1 Bereiten Sie Ihre Gespräche professionell vor

Gesprächsphasen

Bei der Gesprächsvorbereitung sind einige Punkte zu beachten, die für die meisten Gespräche von Bedeutung sind. In aller Regel gliedert sich ein Gespräch in vier Abschnitte:

1. **Gespräch eröffnen:** Diese Phase ist entscheidend für die weitere Kommunikation. Darum sollten Sie sich genau überlegen, wie Sie das Gespräch einleiten und wie Sie Ihren Gesprächspartner ansprechen. Gerade bei der Gesprächseröffnung spielt die emotionale Ebene eine große Rolle. Finden Sie einen positiven Zugang zu Ihrem Gegenüber, dann ist der weitere Gesprächsverlauf erfolgversprechend gebahnt. Kommt es jedoch schon bei der Eröffnung des Gespräches zu Konflikten, werden diese Konflikte die nachfolgende Kommunikation überlagern und zu erheblichen Missverständnissen führen.
2. **Gesprächsanlass nennen:** In dieser Phase geht es darum, den Grund und den Inhalt des Gesprächs zu definieren.
3. **Kerngespräch führen:** Es folgt das eigentliche Gespräch.
4. **Gespräch abschließen:** Sie fassen den Gesprächsverlauf zusammen, verbalisieren die

Ergebnisse – vor allem, wenn zum Ende der Unterredung genaue Absprachen formuliert werden – und sorgen dafür, dass das Gespräch in einer positiven Atmosphäre beendet wird.

Gesprächsziele und -vorbereitung

Eine erfolgreiche Gesprächsführung ist immer dann möglich, wenn Sie sich über die Gesprächsziele im Klaren sind. Die präzise Festlegung der Gesprächsabsichten erlaubt zudem eine detaillierte Gesprächsauswertung, in der die gesetzten und die tatsächlich erreichten Ziele miteinander verglichen werden können. Dazu beantworten Sie sich vor jedem Gespräch folgende Fragen:

- Weshalb führe ich dieses Gespräch?
- Welche Hauptziele, welche Nebenziele will ich erreichen?
- Welche Ergebnisse soll das Gespräch haben?

Zur weiteren Vorbereitung des Gesprächs gehören organisatorische und psychologische Aspekte. Der organisatorischen Vorbereitung dient die Beantwortung dieser Fragen:

- Wer nimmt an dem Gespräch teil?
- Wo und wann findet das Gespräch statt?
- Wie viel Zeit steht zur Verfügung?
- Wie kann ich dafür sorgen, dass das Gespräch möglichst störungsfrei abläuft?
- Welche Unterlagen und (technischen) Hilfsmittel benötige ich zur Veranschaulichung meiner Aussagen oder zur Verstärkung meiner Argumente?

Grundsätzlich gilt: Das Gespräch sollte in einer störungsfreien Atmosphäre ablaufen. Das Erreichen der Gesprächsziele darf nicht durch äußere vermeidbare Störungsquellen gefährdet werden. Auf keinen Fall sollte während eines vertraulichen Mitarbeitergespräches in Ihrem Büro das Telefon klingeln oder ein Assistenzarzt mit »einer ganz wichtigen Nachricht« unangemeldet in Ihr Büro stürmen. Ein Notfall würde, auch

für die betroffene Mitarbeiterin nachvollziehbar, Vorrang haben. Versuchen Sie wichtige Gespräche in ungestörter und ruhiger Umgebung zu führen.

Finden Sie im Vorfeld die richtige Einstellung zum Gesprächspartner und zum Gesprächsinhalt. Sie sollten auch Ihre eigene Stimmungslage berücksichtigen und eventuelle Ängste oder Bedenken Ihrerseits ausräumen.

Techniken zur Gesprächsvorbereitung

Selbstverständlich ist es nicht möglich, den Gesprächsverlauf bis ins kleinste Detail vorzubereiten. Sie sollten aber gewappnet sein, gegebenenfalls einen spontanen Gesprächsbeitrag zu leisten oder ein Diskussionsergebnis zusammenzufassen. Nutzen Sie dazu folgende Technik:

- Was war?
- Was ist?
- Was soll (wird) werden?

Diese einfachen Fragen helfen Ihnen, auch spontan einen überzeugenden Redebeitrag leisten zu können. Wenn Sie sich einen Beitrag zu einem bestimmten Thema bereits vor dem Gespräch überlegen wollen, sollten Sie in der Vorbereitungsphase ein kleines, übersichtliches Stichwortmanuskript anfertigen. Dazu können Sie Stichpunktkarten verwenden – am besten ist es, wenn Sie pro Karte nur einen Gedankengang entwickeln.

Bei längeren Redebeiträgen können Sie die Fünf-Satz-Technik nutzen, die auf Hellmut Geißner (Geißner 1978) zurückgeht. Demnach sollte Ihr Redebeitrag fünf Elemente umfassen:

1. Motivation: Warum spreche ich?
2. Ist-Zustand: Was ist das Problem (aus der Sicht der Zielgruppe!)?
3. Soll-Zustand: Wie sollte es sein?
4. Lösung: Wie lässt sich das erreichen?
5. Appell: Handlungsaufforderung an die Zielgruppe

Beachten Sie dabei:

- Nie mit Ihrem Vorschlag, Ihrer Idee oder Ihrer Lösung beginnen! Zuerst sollten Sie das Problem Ihrer Zielgruppe ansprechen.
- Den Appell nie an erste Stelle setzen!
- Verwechseln Sie nicht Ihre Motivation mit dem Problem!

Alternativ kann nach dem Schema These-Argumente-Handlungsaufforderung vorgegangen werden. Ein Beispiel verdeutlicht diese Technik: Aufgrund der Verkehrssituation in Ihrer Ortschaft sind Sie für den Bau einer Umgehungsstraße. Sie halten Ihren Vorschlag zunächst noch zurück. Bauen Sie ihre Argumentation sinnvoll auf, indem Sie folgendermaßen vorgehen:

- Satz 1: »Die Verkehrssituation in ... ist unerträglich.«
- Satz 2 (= 1. Argument): »Wir kommen grundsätzlich zu spät zur Arbeit, weil wir mit unserem Auto Schwierigkeiten haben, aus der Garage auf die Straße zu kommen.«
- Satz 3 (= 2. Argument): »Die Abgase sind so störend, dass Mensch und Tier darunter leiden. Selbst Häuserfassaden werden durch diese aggressiven Abgase zerfressen!«
- Satz 4 (= 3. Argument): »Unsere Kinder können wir wegen der potenziellen Gefährdung auf der Straße schon lange nicht mehr nach draußen lassen.«
- Satz 5: »Deshalb bin ich, wie die meisten anderen hier, für eine Umgehungsstraße!«

3.2 Beachten Sie die Bedeutung der Körpersprache

Die Inhaltsebene (oder Sachebene) und die Beziehungsebene sind die wichtigsten Kommunikationsebenen. Sie spielen so gut wie in jedem Gespräch eine Rolle. Die Vielfalt der Interpretationsmöglichkeiten verbaler Aussagen wird verstärkt, weil Gespräche stets auch auf einer nonverbalen Ebene ablaufen. Durch die äußere Erscheinung, durch Körperhaltung, Gesichtsausdruck, Sprechtempo und Sprachmodulation senden wir unbewusst Signale aus, die vor allem die Beziehungsebene betreffen.

Selbst geübte Führungskräfte lassen häufig ihre »wahre« Einstellung durch ihre Körpersprache durchscheinen. Der Mund kann schweigen, der restliche Körper nicht.

»Wir können nicht nicht kommunizieren« – dieses geflügelte Wort des Kommunikationspsychologen Paul Watzlawick verweist auf die Tatsache, dass wir nur zu 7% über den Inhalt des gesprochenen Wortes wirken. Die Stimme macht immerhin 38% aus. 55% unserer Wirkung auf andere Menschen entfallen jedoch auf die Körpersprache (Watzlawick 2003). Wenn Sie Ihre Gesprächsziele erreichen wollen, sollten Sie die Gesetze der lautlosen Beredsamkeit der nonverbalen Kommunikation beherrschen.

Leider wird auch dieser Bereich in Deutschland unterschätzt. Es sind vor allem US-amerikanische Studien, die sich mit diesem entscheidenden Thema beschäftigen. Als Fazit dieser Untersuchungen bleibt festzustellen, dass positive nonverbale Signale des Arztes mit mehr Zufriedenheit und einer verbesserten Compliance (Therapie-Treue) des Patienten quittiert werden. Die Patienten bewerteten den direkten Blickkontakt, eine dem Patienten zugewandte Sitzstellung sowie das zustimmende Kopfnicken des Arztes auf die Ausführungen des Patienten als angenehm. Ideal wäre, wenn der Arzt die Körperhaltung seines Patienten spiegelt. Schon ein kleines Lächeln, ein mitfühlender Blick, ein Heranrücken zur Verringerung der Gesprächsdistanz bewirken beim Patienten ein behagliches Gefühl und erzeugen Geborgenheit.

Der Patient wendet sich an Sie mit einer bestimmten Hilflosigkeit seiner Krankheit gegenüber. Sie sind der Wissende, der »Helfer in der Not«, man erwartet nicht nur fachliche Hilfe, sondern ebenfalls Verständnis und Herzenswärme. Deshalb verwundert es nicht, dass gerade Patienten mit massiven Einschränkungen ihres Allgemeinzustandes besonders positiv auf Berührungen des Arztes reagieren und dies oftmals sogar als Wunsch bei Befragungen angeben.

Auf die Frage, was Patienten als negativ beurteilen, wurden das Tippen am Computer durch den Arzt während der Ausführungen des Patienten, der fehlende Blickkontakt, das Verschränken der Arme oder das deutliche Zurücklehnen genannt. Schon ein fehlendes zustimmendes Nicken bei den Gesprächen verursachte bei vielen Patienten ein gewisses Unbehagen.

Oben genannte Zahlen, die die Bedeutung der Körpersprache belegen, gehen auf Untersuchungen des Psychologen Albert Mehrabian (Mehrabian u. Ferris 1967) zurück. Der Sozialforscher von der University of California, Los Angeles, kam beispielsweise zu dem Schluss: Sympathie und Antipathie entstehen vor allem über die Körpersprache. Nun verlassen sich die meisten Menschen im Gespräch auf ihre verbalen Fertigkeiten. Was aber, wenn der Mund »ja« sagt, der Körper aber »nein«, wenn sich also verbale und nonverbale Signale widersprechen? Dann sind Missverständnisse vorprogrammiert.

Auch Ärzten begegnen nonverbale Signale täglich, denn natürlich benutzen auch Patienten und Mitarbeiter die Körpersprache.

Für eine verunsicherte und nervöse Patientin ist es hilfreich, wenn der Arzt ihr Informationsbedürfnis stillen kann und dabei gleichzeitig Ruhe und Souveränität ausstrahlt.

Was drückt der Körper des Arztes aus?

Wenn Sie ein Gespräch führen, ist Ihre Körpersprache genauso wichtig wie der Inhalt Ihrer Formulierungen. Die bewusst oder unbewusst durch Ihre äußere Erscheinung und durch Ihre Körpersprache gesendeten Signale werden vom Gesprächspartner als Teil Ihrer Botschaft gedeutet. Durch Ihre Körpersprache vermitteln Sie wichtige Signale bezüglich Ihres Selbstwert-

gefühls und Ihrer Einstellung zum Gesprächspartner.

Bestenfalls stimmen Laut- und Körpersprache überein. Dann wirken Sie authentisch und glaubwürdig. Je harmonischer Botschaft und körpersprachlicher Ausdruck zusammenpassen, desto eher können Sie Ihren Gesprächspartner überzeugen und sein Vertrauen gewinnen.

Ihre innere Einstellung ist dabei entscheidend. Wer beispielsweise lösungsorientiert kritisieren will, wird dies automatisch auch durch seine Körpersprache kommunizieren. Wer den Mitarbeiter eigentlich lieber aus Ärger niederbrüllen würde, wird von seiner Körpersprache verraten. Der Körper »lügt« nicht.

Sie können Ihre Körpersprache aber auch ganz bewusst zur Steuerung des Gesprächsverlaufes einsetzen. Durch eine offensiv eingesetzte Körpersprache geben Sie zu verstehen: »Ich bin offen für das Gespräch, ich möchte mich auf den Gesprächspartner einlassen und ihm mit Sympathie begegnen.« Mit Signalen wie Kopfnicken und Kopfschütteln bekräftigen Sie Ihre verbalen Äußerungen und zeigen dem Gesprächspartner, was Sie von seinen Worten halten (Ablehnung, Skepsis, Zustimmung, Begeisterung).

Mittels Blickkontakt stellen Sie den eigentlichen Kontakt zum Gesprächspartner her. Dies ist vor allem in problematischen Gesprächssituationen von Bedeutung. Wir empfehlen Ihnen:

- Lassen Sie im Zwiegespräch Ihren Blick immer wieder einmal auf der Nasenwurzel des Gesprächspartners ruhen, bevor Sie zurück in die Augen blicken.
- Wechseln Sie nicht von einem Auge zum anderen. Das wirkt nervös.

Diese lautlose Beredsamkeit des Arztes spielt vor allem bei der Eröffnung eines Gesprächs eine Rolle. Denn dann tasten sich die Körper der Gesprächsbeteiligten sinnbildlich ab. Ihr Gesprächspartner und Sie versuchen zu interpretieren, was der jeweils Andere beabsichtigt.

In dieser Phase wird jede Äußerung auf ihre Wahrhaftigkeit überprüft. Ihr Gegenüber versucht einer eventuellen Arglist nachzuspüren.

Die Körpersprache ist entwicklungsgeschichtlich älter als die Begriffssprache. Mit diesem Kommunikationsmedium drücken wir zu einem großen Teil unsere Gefühle aus. Gefühle zu interpretieren ist bekanntermaßen schwierig.

Sie sollten als Arzt gegenüber Mitarbeitern und Patienten bis zum gewissen Grade Ihre Körpersprache kontrollieren, um den Interpretationsspielraum Ihrer Gefühle niedrig zu halten.

Allerdings sollten Sie die »Vokabeln« der Körpersprache nicht einstudieren. Sie würden dadurch Ihre Natürlichkeit und Authentizität einbüßen. Die Aussendung körpersprachlicher Signale darf nie zum Selbstzweck geraten. Der Gesprächspartner bemerkt dies und ist verstimmt.

Was drückt der Körper des Gesprächspartners aus?

Albert Mehrabians Untersuchungsergebnisse sollten Ärzte für eine bewusste und kontrollierte eigene Körpersprache sowie für die nonverbalen Signale des Gesprächspartners sensibilisieren. Welche Schlüsse können Sie aus der Mimik und Gestik Ihres Gegenüber ziehen?

- Wenn das verbale Verhalten mit dem nonverbalen übereinstimmt, können Sie davon ausgehen, dass der Gesprächspartner auch denkt, was er sagt.
- Bei Abweichungen kann in der Regel das nonverbale Verhalten als aussagekräftiger bewertet werden. Wir können unsere Körpersprache nur zu einem gewissen Teil aktiv lenken, auf die Gestaltung des gesprochenen Wortes haben wir einen größeren bewussten Einfluss.

Ein Beispiel: Eine vom Chefarzt kritisierte Assistenzärztin stimmt verbal der Kritik zu. Da ihre Körpersprache jedoch Ablehnung ausdrückt, ist sie mit hoher Wahrscheinlichkeit nicht mit der kritischen Äußerung einverstanden.
- An dem nonverbalen Verhalten erkennen Sie, in welcher Stimmung sich der Gesprächspartner befindet und welche Einstellung er Ihnen gegenüber hat.

Allerdings muss dabei Folgendes bedacht werden: Die Auslegung eines körpersprachlichen Signals ist immer abhängig vom Kontext und der konkreten Situation. Zudem darf nicht ein einzelnes Signal allein zur Interpretation der Verfassung des Gesprächspartners herangezogen werden. Es muss vielmehr stets im Zusammenhang mit dem gesprochenen Wort und weiteren nonverbalen Äußerungen gesehen werden. Trotzdem zeigen schon geringe Hinweise an, ob jemand seine sprachlichen Äußerungen ehrlich meint. Nehmen wir als Beispiel jene kritisierte Mitarbeiterin, die ihre Zustimmung zur Kritik des Chefs durch ein Lächeln unterstützen will. Ohne innere Gefühlsbeteiligung und ohne ehrliche Überzeugung der Berechtigung der Kritik, wird jenes Lächeln ebenso schlagartig einsetzen, wie es von den Lippen der Assistentin wieder verschwindet.

Vorsicht ist immer geboten bei sich widersprechenden körpersprachlichen Signalen, etwa der freundliche Gesichtsausruck und die unruhigen, aneinander gepressten Beine, die einladende Handbewegung und das gequälte, gestellt wirkende »Portrait-Lächeln«. Die Freundlichkeit kann vorgetäuscht sein. Dies in einem Gespräch zu erkennen, in dem Sie selbst unter Stress stehen, erfordert einige Übung.

Wenn Sie die Körpersprache Ihrer Gesprächspartner angemessen »entschlüsseln« und Ihre verbalen Äußerungen durch die entsprechende Körpersprache unterstützen möchten, sollten Sie sich ein körpersprachliches Grundlagenwissen aneignen und – dies sei nochmals betont – ein nonverbales Signal immer im Verbund mit anderen körpersprachlichen und verbalen Signalen interpretieren oder aussenden.

Mimik: Die Augen als Spiegel der Seele

Ein chinesisches Sprichwort lautet: »Wer kein freundliches Gesicht hat, soll auch kein Geschäft eröffnen«. Je freundlicher der Gesichtsausdruck, desto größer der Sympathiefaktor. Das Gesicht ist das ausdrucksstärkste Instrument der Körpersprache, in ihm spiegeln sich natürlich auch bei Ihrem Gesprächspartner die Empfindungen wider.

Die Bedeutung des Blickkontakts ist bereits angesprochen worden. Gemeinsam mit einem Lächeln prägen die Augen den Gesichtsausdruck. Wir können zwar unsere Gesichtsmuskeln beherrschen, bei den Augen ist dies nur stark eingeschränkt möglich. Sie sollten im Gespräch also vor allem auf die Augen des Gesprächspartners achten. Weicht er aus? Dann könnte dies Verlegenheit, mangelndes Selbstbewusstsein oder Desinteresse bedeuten. Schaut er Ihnen gerade in die Augen, lässt dies auf Ehrlichkeit und Interesse schließen.

Zu den mimischen Signalen gehört zudem die Kopfhaltung. Eine aufrechte und ruhige Kopfhaltung signalisiert Selbstbewusstsein. Der leicht schräg gehaltene Kopf des Gesprächspartners zeigt an: »Ich höre dir aufmerksam zu«.

Mit der Mimik unterstützen Sie das so wichtige »aktive Zuhören«. Damit ist die Bereitschaft und Fähigkeit gemeint, sich konzentriert und aufmerksam auf den Gesprächspartner einzulassen und sich mit ihm auseinander zu setzen.

Gestik: Wohin nur mit den Händen?

Der Begriff »Gestik« meint die das gesprochene Wort unterstützenden Bewegungen der Hände und Arme.

- Eine ausgeprägte Gestik lässt auf eine hohe Eigenmotivation und auf Engagement schließen. Der Gesprächspartner geht ganz in seinen Zielen auf, er ist mit Herz und Verstand beteiligt, wenn er beispielsweise beredt von seinen Zielen berichtet und seine Ausführungen durch eine ausladende Gestik untermauert.
- Eine geöffnete Handhaltung und klare deutliche Gesten bedeuten Offenheit (»Ich habe nichts zu verbergen«), verschränkte Arme hingegen Unsicherheit.
- Wer seine Fingerspitzen aneinander legt, ist hoch konzentriert.
- Legt der Gesprächspartner die Hand an die Stirn, zeugt dies von Nachdenklichkeit oder Ärger.
- Gesichtsberührungen wie Wangenreiben, Kinnstreicheln, Nasenzupfen, häufiges Auf- und Absetzen der Brille oder Mundverdecken weisen auf eine starke Spannung hin. Diese kann beispielsweise durch Nervosität oder aber auch durch einen geplanten Täuschungsversuch bedingt sein.

Die Interpretation der Gestik kann ebenfalls schwierig sein. Wenn Sie Ihrem Gesprächspartner die Hand auf die Schulter legen, kann dies ein Vertrauensbeweis, gar eine freundschaftliche Berührung sein oder aber eine Geste der Machtdemonstration. Wenn dagegen eine Mitarbeiterin dem Vorgesetzten ebenso begegnen würde, kann dies wohl als Affront betrachtet werden. Das bedeutet, Sie dürfen einzelne Gesten nie mit einem bestimmten Interpretationsmuster belegen.

Bitte beachten Sie bei Ihrer eigenen Gestik:

- Langsam und großzügig
- Oberhalb der Gürtellinie und unter Schulterhöhe
- Aus der Schulter und mit der ganzen Hand (Handfläche am besten nach oben)

Vermeiden Sie:

- Schnelle, hastige Gesten
- Unmittelbare Wiederholungen gleicher Gesten
- Gesten mit spitzem Zeigefinger oder einem Stift

Sie sollten zudem auf die Körperhaltung Ihres Gesprächspartners achten. Eine gerade und ruhige Körperhaltung drückt Standfestigkeit und Zielorientierung aus. Die »aufrechte« Haltung signalisiert die innere Verfassung, sie deutet auf Selbstsicherheit und Kompetenz hin. Wer herunterhängende Schultern zeigt oder in seinem Stuhl zusammengesunken sitzt, ist wahrscheinlich sinnbildlich am Boden zerstört.

Eine wirkungsvolle Haltung erreichen Sie durch einen sicheren Stand. Aus diesem heraus können Sie einen *Stand*-Punkt *vertreten* und einen Konflikt durch*stehen*. Der Körper adaptiert sich sofort an ein dominantes Signal (in diesem Falle den sicheren Stand). Wenn Ihre *Haltung* stimmt, folgen alle anderen Körperpartien diesem Grundsignal. Sie erreichen ein überzeugendes Gesamtbild!

Die vier Ebenen einer Botschaft

Laut dem Kommunikationspsychologen Friedemann Schulz von Thun lässt sich eine Äußerung stets auf vier Ebenen verstehen. Der Satz der Assistentin: »Also da bin ich gar nicht Ihrer Meinung!« kann von Ihnen auf der Sachebene als objektive Information wahrgenommen werden, hingegen auf der Beziehungsebene als Versuch, trotz des hierarchischen Gefälles zwischen Mitarbeiterin und Chefarzt auf der eigenen Meinung bestehen zu wollen. Auf der Appellebene will die Mitarbeiterin darauf hinweisen, der Chef möge die aus ihrer Sicht schlüssige Meinung akzeptieren. Die Selbstoffenbarungsebene bietet Raum, das eigene Selbstbewusstsein zu demonstrieren.

Die körpersprachlichen Signale der Mitarbeiterin erlauben eine genauere Einschätzung. Sind die Äußerungen mit einem offenen Gesichtsausdruck verknüpft, stehen die Sach- und die Selbstoffenbarungsebene im Vordergrund. Trägt die Assistentin ihre Aussage in einem vorwurfsvollen Ton und mit einer abwehrenden Handbewegung vor, ist dies als Appell zu verstehen, ihre Fachkompetenz nicht anzuzweifeln.

Wenn Sie die körpersprachlichen Signale wahrnehmen und zu deuten wissen, können Sie die Intention der Mitarbeiterin besser einschätzen.

Die wichtigsten Aspekte der Körpersprache

- Nonverbale Signale nie einzeln interpretieren, sondern immer im Verbund mit weiteren körpersprachlichen und verbalen Äußerungen
- Konkrete Kommunikationssituation berücksichtigen
- Nonverbale Signale geben Aufschluss über Gefühlslage
- Für die eigene Körpersprache sensibilisieren und diese kontrolliert einsetzen
- Übereinstimmung zwischen verbalen und nonverbalen Signalen anstreben
- Diese Übereinstimmung gelingt, wenn die Einstellung gegenüber Gesprächspartner und Redeinhalt stimmig ist
- Auf Mimik, Gestik und Körperhaltung des Gesprächspartners achten
- Vorsicht bei Widerspruch zwischen körpersprachlichen Signalen
- Körpersprache interpretieren und feststellen, ob Gesprächspartner auf der Sach-, Beziehungs-, Selbstoffenbarungs- oder Appellebene kommuniziert

3.3 Der Erfolgsweg zu Ihrem Gesprächspartner: zuhören und fragen

»Wer fragt, führt« ist ein gängiger Tipp zur Gesprächsführung. Eine professionelle Fragetechnik gehört zum unverzichtbaren Instrumentarium des Arztes. Diese Fragetechniken werden trotzdem in Gesprächen nicht ausreichend umgesetzt. Zudem gilt: »Wer falsch fragt, stört!« Fragen gehören zu den wichtigsten Steuerungsinstrumenten eines Gesprächs.

Wer fragt:

- Erhält Informationen
- Gibt selbst wenige Informationen weiter
- Gewinnt Zeit zum Nachdenken
- Zeigt Interesse am Thema und an der Person
- Erfährt die Bedürfnisse des Gesprächspartners
- Sammelt weitere Ansatzpunkte für die eigene Argumentation
- Bestimmt die Richtung, die ein Gespräch nimmt
- Kann von einem Thema ablenken, über das er nicht sprechen kann oder will

Was ist denn nun eine sinnvolle Frage, wann sollte man sie stellen, welchen Einfluss haben Fragen und was kann das Gespräch zwischen Arzt und Patient fördern oder stören? Im Folgenden möchten wir ihnen dazu einen Einblick geben:

Was sind sinnvolle Fragen?

Nach Dr. Götz Fabry von der Medizinischen Psychologie der Albert-Ludwigs-Universität Freiburg (http://www.medizinische-psychologie.de) haben sinnvolle Fragen folgende Eigenschaften:

1. Sie sind **unmissverständlich formuliert**:
   »War der Stuhlgang mal schwarz?« statt: »Hatten Sie Teerstuhl?«
   »Hatten Sie Sehstörungen?« statt: »Irgendwelche Sehstörungen hatten Sie nicht gehabt?«

2. Sie **fördern die Bereitschaft** des Patienten **zu antworten**:
   »Wie kamen Sie mit der Diät zurecht?« statt: »Haben Sie die vereinbarte Diät denn nun eingehalten?«

3. Sie **bringen neue Informationen**:
   »Was haben Sie ….?«, »Wie haben Sie ….?« statt: »Sie haben doch sicher….«

Fragetechniken

Die wenigsten Führungskräfte verstehen es, durch kluges Fragen den Erwartungen und Problemen ihrer Gesprächspartner nachzuspüren. Dabei ist die Frage die effektivste und zugleich eine sehr elegante Form der Gesprächsführung. Durch eine Frage signalisieren Sie dem Mitarbeiter selbst im hitzigen Kritikgespräch, dass Sie seine Gedanken und Argumente schätzen. Nebenbei erhalten Sie Informationen, lenken das Gespräch, motivieren den Gesprächspartner zum Weiterreden.

Es genügt nicht, das Leitmotiv (Wer fragt, führt) durch Aneinanderreihung von Fragen umzusetzen. Sie zeigen Ihre wahre Gesprächskompetenz, wenn Sie eine geeignete Frage zum richtigen Zeitpunkt stellen. Sie erreichen dadurch Ihre selbst gesetzten Ziele am besten und wahren eine angemessene Distanz dem Gesprächspartner gegenüber.

Welche Fragearten gibt es?

Ganz allgemein kann man *offene* und *geschlossene* Fragen unterscheiden. Fabry verwendet dafür sein »Trichterprinzip« (❏ Abb. 3.1):

Am Beginn eines Gespräches kommen vor allem offene Fragen sowie patientengeleitetes Nachfragen zum Einsatz, am Ende des Gespräches vor allem geschlossene Fragen und wissensgeleitete Exploration.

Bevor wir auf das »Trichterprinzip« näher eingehen, lassen Sie uns die beiden Fragetypen verdeutlichen.

Geschlossene Fragen

»Haben Sie Motivationsprobleme?« Die geschlossene Frage beginnt mit einem Verb und gestattet lediglich eine kurze Antwort, etwa »Ja« oder »Nein«. Diese Frageart hat ihre Berechtigung, wenn Sie lediglich eine Information einholen und das Gespräch in die von Ihnen gewünschte Richtung vorantreiben möchten. Der Informationswert der Antwort ist gering.

Den Gesprächspartner beschleicht schnell das Gefühl, Sie wollten ihn »verhören«, ohne einen Dialog anzustreben. Geschlossene Fragen können als Suggestivfragen aufgefasst werden, die bereits die Meinung des Fragestellers enthalten und durch die lediglich die Zustimmung des Gesprächspartners eingefordert wird.

Geschlossene Fragen im Überblick

- *Definition:* Antwort Ja/Nein, ein Wort
- *Beispiel:* »Haben Sie Kopfschmerzen?«, »Soll ich Ihnen Tabletten verschreiben oder möchten Sie lieber Tropfen?«
- *Vorteile:*
  - Liefern dem Arzt rasch die benötigten Informationen
  - Hindern den Patienten daran, ausschweifend zu antworten
  - Helfen dem Arzt, einen abschweifenden Patienten zum Thema zurückzuführen
- *Nachteile:*
  - Schränken den Patienten in seinen Antwortmöglichkeiten stark ein
  - Können zur Passivität des Patienten führen
  - Können unpräzise Antworten liefern
  - Patienten können sich ausgefragt fühlen
  - Erfordern weitere Fragen

Offene Fragen

Geschlossene Fragen sind immer Faktenfragen, offene Fragen hingegen Meinungsfragen. Zumeist ergeben sich aus den Antworten auf offene Fragen Rückschlüsse auf die Einstellungen, Motive und Ansichten des Gesprächspartners. Mit offenen Fragen können Sie einen Dialog aufbauen.

Sie beginnen mit einem Fragewort (Wer, Was, Wie, Warum, Wo, Wann). Eine Variante der offenen Frage ist die Bewertungsfrage. Der Gesprächspartner wird um eine detaillierte Einschätzung gebeten: »Wie würden Sie Ihre Motivation zurzeit einschätzen?«

Die Als-ob-Frage schließlich soll das Gespräch voranbringen, indem eine fiktive Situation als Option vorgestellt wird: »Nehmen Sie einmal an, wir wollen unsere Gespräche mehr am Patienten orientieren, welche Maßnahmen würden Sie persönlich ergreifen?«

Auf diese Weise erhalten Sie detaillierte Informationen zum Gesprächsgegenstand.

Eine Zuspitzung dieser Frageart ist die Alternativfrage, die so formuliert ist, dass der Gesprächspartner seine Antwort aus den vorgegebenen Alternativen auswählen kann: »Fällt Ihnen die Arbeit derzeit besonders schwer oder macht sie Ihnen Spaß?« Sie können die Alternativfrage zum Gesprächsabschluss einsetzen, wenn Sie das Gespräch zusammenfassen und eine Entscheidung treffen.

Durch die Isolierungsfrage lassen sich die Alternativen sukzessive einschränken: »Wir haben in den Punkten 2 und 3 Einigkeit erreicht. Können wir noch die Aspekte 1 und 4 besprechen?« So trennen Sie Gesprächspunkte, in denen bereits ein Konsens erzielt wurde, von denjenigen, bei denen ein Einvernehmen noch hergestellt werden muss.

Ergänzend können Sie die Motivationsfrage verwenden: »Was sagen Sie als kompetenter Mitarbeiter zu der vom Patienten vorgebrachten Kritik?«

Eng verwandt damit ist die Stimulierungsfrage. Sie kleiden damit Ihr Lob in eine Frage.

Die Bestätigungsfrage dient dem Zweck, die Antwort des Gesprächspartners abzusichern: »Habe ich Sie richtig verstanden ...?«

In eine ähnliche Richtung weist die Präzisierungsfrage: »Sie sagten gerade, ... Worum genau ging es dabei?«

Offene Fragen im Überblick

- *Definition:* Antwort kann frei gestaltet werden
- *Beispiel:* »Was führt Sie zu mir?«
- *Vorteile:*
  - Regen Patienten zur selbständigen Schilderung an
  - Motivieren den Patienten, sich aktiv am Gespräch zu beteiligen
  - Geben dem Patienten die Gelegenheit, sein persönliches Erleben zu schildern
  - Können in kurzer Zeit viele Informationen liefern
  - Bekunden dem Patienten die persönliche Zuwendung des Arztes
  - Erleichtern das Verständnis
- *Nachteil:*
  - Impliziert die Möglichkeit einer zu detaillierten Darstellung

Widersprüchliche Bedeutung von Fragen

Die offene Frage führt zuweilen zu einem ungewollten Redeschwall des Gesprächspartners.

Die rhetorische Scheinfrage streift den Bereich der Manipulation, wenn der Fragesteller sie einsetzt, um den eigenen Äußerungen den Anschein der Objektivität zu verleihen.

Die Gegenfrage kann der Konkretisierung des Sachverhaltes dienen, wird aber vom Gesprächspartner teilweise als unfair empfunden. Der Gegenüber weicht einer Antwort aus, um eventuell Zeit zu gewinnen oder den Gesprächspartner zu verunsichern.

Zur Verärgerung des Gesprächspartners kann eine unterschwellige Frage führen, mit der Sie offensichtlich eine andere Bedeutung anstreben, als die Frage an sich vermuten lässt.

Dies kann die Gesprächsatmosphäre genauso trüben wie die bereits erwähnte Suggestivfrage und die inquisitorisch-personenorientierte Frage: »Haben Sie eben nicht ganz eindeutig

behauptet, dass ...?« Andererseits können Sie so auf Widersprüche in der Argumentation des Gesprächspartners hinweisen.

Jeder Fragetyp hat seine positiven Aspekte. Die bewusste Auswahl aus dem vielseitigen Repertoire und der Einsatz an der richtigen Stelle macht den Erfolg aus.

Das Trichterprinzip (◘ Abb. 3.1)

Grundsätzlich gilt:

- Vermeiden Sie möglichst unvermittelte (für den Patienten nichtssagende) Fragen.
- Begründen Sie nach Möglichkeit Ihre Fragen.
- Verzichten Sie stets auf Mehrfachfragen.

Unvermittelte Fragen sind aus mehreren Gründen ungünstig.

Der Patient versteht den Hintergrund der Frage nicht. Die Initiative für den weiteren Gesprächsverlauf bleibt dem Arzt überlassen, denn nur er weiß, warum er diese Frage gestellt hat. Der Patient ist mit diesem Fragetypus überfordert, da er nicht weiß, was er antworten soll und was für den Arzt wichtig wäre. Daher

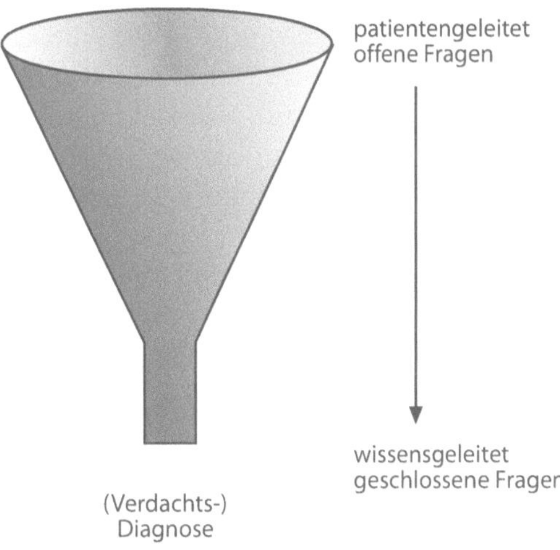

◘ Abb. 3.1. Trichterprinzip. (Nach Fabry 2004)

fällt die Beantwortung weniger präzise und umfassend aus.

Folgendes Beispiel soll die oben genannten zwei Fragetypen verdeutlichen.

Patient: »Am Tag, nachdem mein Mann seinen Job verloren hatte, fingen die Schwellungen an und mir war ganz heiß.«

Arzt:

- Wissensgeleitet: auf Grund seines medizinischen Wissens vermutet er, die Patientin könnte einen Infekt haben: »Hatten sie auch Fieber?«
- Patientengeleitet: er nimmt die Informationen der Patientin auf und regt sie an, ihre Ausführungen zu präzisieren: »Ihr Mann hat seinen Job verloren?«

Im ersten Fall kann die Patientin nur mit Ja oder Nein antworten. Weitere symptomorientierte Fragen des Arztes werden folgen müssen, um den Verdacht eines grippalen Infekts zu bestätigen oder zu verwerfen.

Der für die Patientin offenbar bedeutsame Zusammenhang zwischen dem psychosozialen Ereignis, den Jobverlust ihres Mannes, und dem Beginn der Beschwerden geht dabei völlig verloren.

Im zweiten Fall hat der Arzt die Chance, wegen des Jobverlustes nachzufragen, um zusätzliche Informationen über das aktuelle Krankheitsgeschehen der Patientin zu erhalten. Er kann dadurch besser abschätzen, welche Rolle die psychosozialen Faktoren für Entstehung und Verlauf des Krankheitsgeschehens haben.

Darüber hinaus kommt im Gesprächsverlauf für die Patientin ein nicht zu unterschätzender Aspekt hinzu. Sie kann im Gespräch den psychologischen Druck, der durch den Jobverlust auf ihr lastet, abmildern. Sie hat das Gefühl, dass sich jemand Zeit für sie nimmt.

Fragetypen im Überblick

Wissensgeleitet (Komplettierungsfragen)

+ Erlauben differenzialdiagnostische Überlegungen
+ Demonstrieren die Kompetenz des Arztes
- Arzt dominiert das Gespräch
- Patient weiß oft nicht, worauf der Arzt hinaus will

Patientengeleitet (Präzisierungsfragen)

+ Direkter Bezug zur Patientenäußerung
+ Nähere und genauere Beschreibung dessen, was der Patient gesagt hat
+ Gesprächsinitiative bleibt beim Patienten

Neben den unterschiedlichen Frageformen gibt es weitere Möglichkeiten, ein Gespräch zu führen.

Fabry geht dabei auf die *»Gesprächsförderer«* und die *»Gesprächsstörer«* ein. Erstgenannte bringen ein Gespräch voran und signalisieren dem Patienten, dass der Arzt ihm zuhört und versteht, während letztgenannte dem Patienten verdeutlichen, dass der Arzt weder an seinen Problemen noch an seiner Meinung interessiert ist.

Gesprächsförderer

- **Ermuntern**
  Arzt: »Mhm«, »Ja«, »Erzählen sie bitte weiter!«
  (Unterstützende Mimik, Gestik)
- **Offenes Nachfragen**
  Patient: »Mir war ganz schwindelig.«
  Arzt: »Wie war denn das für Sie?«
- **Wiederholen**
  Patient: »Ich habe solche Angst vor den Tabletten.«
  Arzt: »Sie haben Angst…?«
- **Umschreiben**
  Patient: »Da muss ich mich wirklich überwinden.«
  Arzt: »Sie müssen da gegen Ihre eigenen Widerstände ankämpfen…?«

- **Zusammenfassen**
- Arzt: »Wir sind uns also einig, dass Sie das neue Medikament zunächst eine Woche lang einnehmen und während dieser Zeit Ihren Blutdruck selber messen.«
- **Emotionale Inhalte ansprechen**
  Patient: »Ich hatte so große Hoffnung in die Tabletten gesetzt und jetzt sind die Schmerzen immer noch da.«
  Arzt: »Sie sind von der Behandlung enttäuscht?«

Gesprächsstörer

- Patient: »Alle Blutdrucktabletten haben ja Nebenwirkungen.«
- Bagatellisieren: »Sie brauchen sich da keine Gedanken zu machen. Ich verschreibe Ihnen schon nichts, was Ihnen schaden könnte!«
- Diagnostizieren: »Sie sind wohl ein eher ängstlicher Mensch.«
- Interpretieren: »Ihre Befürchtungen werden nur durch die Medien erzeugt, die heutzutage soviel über Nebenwirkungen berichten.«
- Vorschnelle Ratschläge/Lösungen: »Nehmen Sie die Tabletten einfach mal eine Weile, dann werden Sie sehen, dass Sie Ihnen nicht schaden.«

Das Arzt-Patienten-Gespräch umfasst Informations-, Kooperations- und therapeutische Aspekte.

Ein patientengeleitetes Vorgehen hat sich laut Fabry bewährt, weil der Patient vom Arzt die Gesprächsinitiative für einen langen Zeitraum übertragen bekommt, Nachfragen sich an den Schilderungen des Patienten orientieren, Vertrauen intensiver aufgebaut werden kann und der Arzt nicht vorschnell eigene Vermutungen äußert.

Konstruktive Fragetechnik für Fortgeschrittene

Wenn Sie die bisherige Fragetechnik eingeübt haben und es Ihnen zunehmend leichter fällt, konstruktive Fragen anzubringen, können Sie verschiedene Fragetypen miteinander kombinieren.

Hier sind zwei Vorschläge für Fortgeschrittene:

- **Die Korkenziehertechnik:** Haken Sie ausdauernd nach, bis dem anderen die Argumente ausgehen und/oder bis er selbst die Schwächen seiner Argumentation erkennt. Dazu ein Beispiel aus einem Mitarbeitergespräch:
  »Inwiefern meinen Sie, Ihre Leistungen rechtfertigen eine Gehaltserhöhung? ... Können Sie mir ein konkretes Beispiel nennen? ... Ist das der einzige Fall, den Sie nennen können?«
- **Die Ja-Fragen-Straße:** Bereiten Sie mehrere Fragen vor, auf die der Gesprächspartner nur mit Ja antworten kann. Anschließend stellen Sie die entscheidende Frage. Wer fünfmal Ja gesagt hat, will nicht plötzlich Nein sagen. Die Ja-Fragen-Straße funktioniert besonders gut, wenn der Gesprächspartner zuvor unsicher in seiner Entscheidung war.

Ihr Grundsatz sollte sein, sich im Gespräch immer fair zu verhalten. Ihr Gesprächspartner jedoch wird sich nicht in jedem Fall ebenso verhalten.

Was können Sie beispielsweise tun, wenn Sie jemand ausfragen will?

Wenn Sie zu viele Fragen eines Gesprächspartners beantworten, akzeptieren Sie damit indirekt seine Dominanz. Folgender Ausweg bietet sich an:

- Fragen zurückgeben: Sie können die Frage an den Fragesteller zurückgeben: »Offenbar kennen Sie sich da aus – was meinen Sie selbst dazu?«
- Fragen weiterreichen: In einer größeren Runde können Sie die Frage an eine dritte Person weiterreichen. »Das ist ein ganz wesentlicher Punkt, was sagen denn die anderen dazu?«

Gegenfrage: Eventuell können Sie eine Frage, die Sie nicht beantworten können oder wollen, mit einer Gegenfrage beantworten. Wenn Sie Hemmungen haben, verdeutlichen Sie sich, dass es ebenso unhöflich ist, Sie mit aggressiven Fragen in die Enge zu treiben. Sie weichen der Frage daher nicht aus, sondern Sie setzen sich zur Wehr.

Aktives Zuhören

Jede Frageform ist überflüssig, wenn der Arzt den Gesprächspartner nicht in Ruhe antworten und ausreden lässt. Fragekompetenz und Zuhörkompetenz gehören zusammen.

Das aktive Zuhören gehört zu den wirkungsvollsten Gesprächstechniken. Dabei halten Sie Blickkontakt, zeigen Ihre volle Zuwendung nach

◻ Tab. 3.1. Fragetechniken im Überblick

Frageart	Merkmale oder Beispiel	Zweck
Fragen, die der wertschätzenden Gesprächsführung verpflichtet sind		
Offene Frage	Meinungsfrage; W-Fragen; Antwort enthält hohen Informationswert	Dialogaufbau; Äußerungen zu Ansichten und Einstellungen
Informationsfrage	Direkte Frage	Informationen abfragen
Alternativfrage	Geschlossene Frage; Empfänger muss zwischen Alternativen auswählen	Stringente Gesprächslenkung im Sinne des Fragestellers
Motivationsfrage	Gefühle des Empfängers werden angesprochen	Motivation des Empfängers
Stimulierungsfrage	Enthält Lob für Empfänger	Motivation des Empfängers
Bestätigungsfrage	»Habe ich Sie richtig verstanden: ...?«	Absicherung einer Antwort
Präzisierungsfrage	Vertiefung einer vorhergehenden Frage	Informationsabsicherung und -verdichtung
»Zweischneidige« Fragen		
Geschlossene Frage	Faktenfrage; beginnt mit Verb; Antwortoptionen: Ja/Nein; Antwort bietet geringen Informationswert	Einholung von knappen Informationen
Geschlossene Frage	Faktenfrage; beginnt mit Verb; Antwortoptionen: Ja/Nein; Antwort bietet geringen Informationswert	Einholung von knappen Informationen
Suggestivfrage	Geschlossene Frage; enthält Meinung des Fragestellers	Zustimmung einfordern
Scheinfrage	Indirekte Frage; oft als rhetorische Frage gestellt, auf die Empfänger keine Antwort erwartet	Objektivierung der Aussagen des Fragestellers; dient auch der Zusammenfassung
Gegenfrage	Frage des Gegenübers wird mit Frage beantwortet	Konkreter Antwort ausweichen; Verunsicherung des Gesprächspartners; dient auch der Konkretisierung eines Sachverhaltes
Unterschwellige Frage	Frageinhalt und Frageabsicht divergieren	Manipulatorische Frage
Inquisitorisch-personenorientierte Frage	Indirekte Frage, mit der der Empfänger zumeist bloßgestellt werden soll	Manipulatorische Frage

der N-N-Formel: »Nase und Nabel zuwenden«. Sie bestätigen durch Kopfnicken und Aufgreifen von Schlüsselwörtern, dass Sie sich kommunikativ mit ihm auf Augenhöhe bewegen. Unterbrechen Sie den Gesprächspartner nicht und neigen Sie eventuell den Kopf leicht seitlich.

Vermeiden Sie:

- Sich durch übertriebene Bestätigungsgesten anzubiedern
- Zu widersprechen, bevor der Patient ausgeredet hat
- Vorschnell Lösungen anzubieten
- Artikulationshilfen anzubieten, sobald der Patient zögert, seine Sätze zu Ende zu sprechen (besonders unangebracht bei Patienten, die sich unklar ausdrücken)
- Den Patienten zu unterbrechen, indem Sie Ihre eigene Meinung einbringen (»Ja, das kenne ich auch ...«)
- Zu verniedlichen oder abzuwiegeln (»Das wird schon nicht so schlimm sein ...«)
- Zu warnen (»Seien Sie besser vorsichtig ...«)
- Ironisch zu reagieren (»Na, da haben Sie sich ja in etwas hineingeritten!«)

Beim aktiven Zuhören setzen Sie folgende Techniken ein:

- Sie nehmen die Äußerungen des Gesprächspartners auf, indem Sie diese mit eigenen Worten wiedergeben und zusammenfassen.
- Paraphrasieren heißt, dass Sie eine Frage formulieren, in der Sie die Gedankengänge des Gesprächspartners verarbeiten.
- Die Gesprächstechnik des Nachfragens bietet Ihnen Gelegenheit, Gesprächsgegenstände einer Klärung zuzuführen: »Ich habe Sie noch nicht recht verstanden. Können Sie Ihre Darstellung noch einmal ausführlicher erläutern?«

Logisches und semantisch richtiges Sprechen als Gesprächstechnik scheint eine Selbstverständlichkeit zu sein. Es ist von elementarer Bedeutung in emotional angespannten Situationen, wie etwa einem Kritikgespräch mit einem Mitarbeiter oder einem Gespräch mit einem sehr nervösen Patienten. In solchen Situationen beweisen Sie Gesprächskompetenz, wenn Sie Ihre Gedanken und Argumente so deutlich und unmissverständlich wie möglich ausdrücken, kurze Sätze bilden, komplizierte Schachtelsätze und assoziatives Sprechen vermeiden und Ihre Argumente zu einer logischen Argumentationskette verknüpfen.

3.4 Mit Einwänden richtig umgehen

Sie werden als Arzt in der täglichen Arbeit häufig mit Einwänden konfrontiert, etwa weil Mitarbeiter mit Entscheidungen nicht einverstanden sind oder Patienten Ihren Therapievorschlag ablehnen.

Normalerweise zeigen Einwände eine kritische Auseinandersetzung des Gesprächspartners mit Ihren Vorstellungen, eine begründete Skepsis. Wenn ein Patient Ihren Therapievorschlag aus Kostengründen ablehnt und Sie ihm begründen können, dass die Krankenkasse einen Teil der Kosten übernimmt, haben Sie den Einwand entkräftet.

Sie sollten wirkliche Einwände von bloßen Vorwänden, also Ausreden, unterscheiden können. Vorwände signalisieren Desinteresse oder Verschleierung einer Ablehnung. Wenn beispielsweise ein Mitarbeiter seine Ablehnung einer speziellen Aufgabe mit Zeitmangel begründet, kann sich dahinter fehlendes Interesse verbergen. Dies kann er so natürlich nicht formulieren.

Es gibt ein paar Regeln, die Ihnen helfen, echte Einwände von bloßen Vorwänden zu unterscheiden: Hören Sie sehr genau zu und fragen Sie sich:

- Enthält die Aussage einen positiven Ansatz?
- Enthält die Aussage eine berechtigte Kritik?
- Ist erkennbar, dass der Gesprächspartner vor allem sein Selbstwertgefühl verteidigt?

Bei einem Einwand gehen Sie wie folgt vor:
- Keinen Ärger zeigen und freundlich bleiben!
- Einwand auf keinen Fall abstreiten!
- Ggf. den Weitblick, die Kritikfähigkeit des Gesprächspartners loben: »Da stellen Sie eine gute Frage.« »Das haben Sie richtig erkannt.«
- Manchmal ist es möglich, bereits hier den Einwand durch zusätzliche Informationen zu entkräften.
- Durch Fragen genau das eigentliche Problem definieren.

Falls der Einwand bisher nicht entkräftet werden konnte, stellen Sie z. B. diese Frage: »Einmal angenommen, dieses Problem hätten wir beseitigt: Fänden Sie den Vorschlag dann akzeptabel?«. Bei Ablehnung haben Sie es wahrscheinlich mit einem Vorwand zu tun, dann gehen Sie wie weiter unten beschrieben vor. Bei Zustimmung betonen Sie im weiteren Verlauf des Gesprächs noch stärker als bisher den Vorteil oder Nutzen, den etwa Ihr Therapievorschlag für den Gesprächspartner hat.

Wenn Sie einen Einwand als Vorwand, also als Ausrede, erkannt haben, gehen Sie wie im Folgenden beschrieben vor:
- Freundlich bleiben, keinen Ärger zum Ausdruck bringen, keinen heimlichen Triumph zeigen.
- Den Vorwand nur *einmal* hinterfragen.
- Vorwände können zwar auch entkräftet werden. Dadurch könnten Sie den Gesprächspartner entblößen.
- Fragen Sie beispielsweise: »Wenn wir dieses Problem erfolgreich bewältigen, wäre die Lösung dann für Sie akzeptabel?«
- Falls sich keine Lösung abzeichnet: Überprüfen Sie die Beziehungsebene zwischen Ihnen und dem Gesprächspartner und klären Sie diese.
- Wenn kein gemeinsames Ergebnis mehr möglich ist, sollte das Gespräch freundlich, aber zügig beendet werden.

3.5 So senden Sie Ich-Botschaften aus

Mit Hilfe von »Ich-Botschaften« können Sie Ihre Meinung zum Gesprächsthema äußern, ohne den Gesprächspartner zu verletzen. Ich-Botschaften sind deshalb vor allem in schwierigen Mitarbeiter- oder Patientengesprächen nützlich, in denen es um die Beurteilung von Verhaltensweisen geht. Die Sie-Botschaft ist zumeist belehrender Natur und führt zu Angriffen, Beschimpfungen und Konfrontationen, die die Beziehungsebene eintrüben und einer Versachlichung des Gesprächs entgegenwirken. Die Aussage: »Sie haben zu dem Missstand ganz entscheidend beigetragen« – als Sie-Botschaft »versendet« – löst bei dem Mitarbeiter andere Reaktionen aus als die Ich-Botschaft: »Ich habe mir einmal überlegt, inwiefern auch Ihr Verhalten zu dem Missstand beigetragen hat«. Mit der Ich-Botschaft stellen Sie Ihre Meinung zur Diskussion und haben somit den sachlichen Einstieg in das Gespräch gefunden.

3.6 Tipps für Ihre Konferenzen und Besprechungen

Die bisher vorgestellten Gesprächstechniken helfen Ihnen vor allem in Situationen, in denen sie gemeinsam mit den Gesprächspartnern ein konkretes Gesprächsziel verfolgen.

Andererseits müssen Sie ebenfalls in einer größeren Gruppe Entwicklungsprozesse in Gang setzen. Das Gespräch dient in diesem Fall dazu, die Beteiligten auf ein Problem hinzuweisen und erste Anstöße zur Problemlösung zu geben, die von den Mitarbeitern eigenständig und selbstverantwortlich weiterverfolgt werden soll. Mit Hilfe der Moderationstechnik können Sie solche Entwicklungsaufgaben anstoßen und zudem Besprechungen, Konferenzen oder Workshops effektiver leiten.

Sie treten dabei als Moderator auf, der seine eigenen Meinungen und Ziele zurückstellt und den Arbeitsprozess der Gruppe begleitet. Der moderierte Arbeitsprozess vollzieht sich in einem hierarchiefreien Raum – mehrere Menschen arbeiten gemeinsam und gleichberechtigt an einer Aufgabe. Der Moderator greift nur in Konfliktsituationen ein, indem er die Störungen beseitigt und für eine sachliche und produktive Atmosphäre sorgt.

Die moderierte Sitzung durchläuft folgende Phasen:
- Begrüßung und Vorstellung
- Anlass und Zielsetzungen der Sitzung
- Klärung der Rolle des (neutralen und unabhängigen) Moderators und Verdeutlichung der Teilnehmererwartungen
- Darstellung des Themas oder des Problems
- Bearbeitung des Themas oder Problems mit Präsentation der Ergebnisse
- Erstellung eines Maßnahmeplans

Die wichtigsten kommunikativen Techniken, die Sie als Moderator beherrschen sollten, sind:
- Visualisierungstechniken, um Teilnehmerbeiträge optisch festzuhalten, z. B. auf Pinnwand, Flipchart, Plakat
- Moderierte Diskussion, in der Sie die verschiedenen Fragetechniken einsetzen, die Antworten sinnvoll sammeln und strukturieren, etwa durch:
  - Karten-Antwort-Verfahren: Die Teilnehmer schreiben ihre Antworten auf Karten; Sie notieren diese auf den Visualisierungsmedien
  - Zurufabfrage: Die Teilnehmer rufen Ihnen ihre Ideen zu, die Sie wiederum notieren
- Kreativitätstechniken (Brainstorming, Brainwriting etc.)
- Gruppenarbeit: Die Teilnehmer erarbeiten in Kleingruppen Lösungsvorschläge, die sie dem Plenum präsentieren

- Verfahren, um Entscheidungen zu treffen, so etwa das Gewichtungsverfahren: die Teilnehmer bewerten die gesammelten Ideen

Als Moderator größerer Gruppengespräche werden Sie es mit ganz unterschiedlichen Teilnehmern zu tun haben, die verschieden auf die jeweiligen Gesprächssituationen reagieren.

Darum möchten wir Ihnen eine kleine Teilnehmertypologie mit daraus erwachsenden Strategien vorstellen.
- **Der Streiter:** Veranlassen Sie die Gruppe, seine Behauptungen zu widerlegen.
- **Der Positive:** Schalten Sie ihn bewusst in die Diskussion ein und lassen Sie ihn Ergebnisse zusammenfassen.
- **Der Alleswisser:** Fordern Sie die Gruppe auf, zu seinen Behauptungen Stellung zu nehmen.
- **Der Redselige:** Fragen Sie ihn z. B.: »Was genau ist Ihre Frage/Idee?« Danach geben Sie die Frage an das Plenum weiter, etwa »Frau Müller, was sagen Sie dazu?«
- **Der Schüchterne:** Stellen Sie ihm einfache und direkte Fragen, so stärken Sie sein Selbstbewusstsein.
- **Der Ablehnende:** Loben Sie seine Kenntnisse und Erfahrungen, bitten Sie ihn um Alternativvorschläge.
- **Der Desinteressierte:** Fragen Sie ihn nach seinen Arbeitsergebnissen anhand konkreter Beispiele aus seinem Arbeitsbereich. So holen Sie ihn – metaphorisch gesehen – vielleicht mit ins »Diskussions-Boot«.
- **Das »große Tier«:** Üben Sie keine direkte Kritik. Gehen Sie nicht direkt auf seine Kritikpunkte ein.
- **Der Ausfrager:** Geben Sie seine Fragen an die Gruppe zurück. Weisen Sie darauf hin, dass noch andere Teilnehmer ihre Meinung äußern wollen. Stellen Sie notfalls eine Gegenfrage.

3.7   Stimme vermittelt und bestimmt die Stimmung

Eines der viel zu wenig beachteten Gebiete der Kommunikation ist die Stimme. Ihr Stimmklang entscheidet jedoch hauptsächlich über den Erfolg Ihres Auftritts und Ihre Überzeugungskraft. Vergegenwärtigen Sie sich einmal die folgenden Situationen:

- Eine sympathische Stimme erklingt mit den Worten: »Liebling, schön, dass du endlich wieder daheim bist!«
- An einem anderen Ort werden gerade die bedächtigen Worte geäußert: »Psst, das Baby ist gerade eingeschlafen.«
- Auf einer Baustelle brüllt der Polier: »Tempo, beeilt euch, die Arbeit muss heute noch fertig werden!«

Drei Sätze, drei Stimmen, drei Welten! Sprechen Sie diese drei Aussagen doch einmal nach. Versetzen Sie sich kurz in die jeweilige Situation. Hören Sie, wie verschieden Ihre Stimme klingen kann?

Welche Gefühle verbinden Sie mit dem ersten Satz: »Liebling, schön, dass du endlich wieder daheim bist«? Jemand sehnte sich danach, dass sein Partner wieder nach Hause kommt. Wir können förmlich fühlen, mit welch einer Wärme und Herzlichkeit diese Worte gesagt wurden. Das Wort »endlich« verdeutlicht die Sehnsucht, die beim Artikulieren dieses Satzes mitklingt.

Beim zweiten Satz: »Psst, das Baby ist gerade eingeschlafen«, können wir nachvollziehen, dass die Worte leise, aber doch bestimmt gesagt wurden. Sie können diesen Satz deutlich und in geringer Lautstärke und dennoch freundlich oder unfreundlich aussprechen. Interessant, oder?

Beim dritten Satz: »Tempo, beeilt euch, die Arbeit muss heute noch fertig werden« wird lautstark gebrüllt, die Arbeiter werden unter Druck gesetzt. Der Polier sagt nicht, »wir müssen uns beeilen«, sondern fordert »beeilt Euch«!

Der Gemeinschaftssinn wird hier, offensichtlich aus Zeitnot, völlig vergessen. Dieser Satz entspricht einem Befehl.

Nach diesen erklärenden Gedanken sprechen Sie bitte diese drei Sätze noch einmal. Nicht »*noch* einmal«, sondern »noch *einmal*«. Erkennen Sie den Unterschied verschiedener Betonungen?

Täglich »spielen« wir viele verschiedene Rollen: Arzt, Führungskraft, Partner, Elternteil, Freund, Ratgeber und vieles mehr. Ist Ihre Stimme erst einmal »gestimmt«, sprich gebildet, dann wird sie sich der Rolle des Sprechenden, Ihrer jeweiligen Situation und Absicht anpassen. Deshalb ist der erste wichtige Grundsatz der Stimmbildung: »Was ist die Intention, die hinter Ihren Worten steht?«

Das zweite Gesicht eines Menschen – seine Stimme!

Um Ihnen die Bedeutung Ihrer Stimme für den kommunikativen Erfolg zu veranschaulichen, möchten wir Ihnen eine Geschichte erzählen:

Es war an einem traumhaften Sonntagnachmittag. Wir waren in einem Café, warteten auf unseren Kuchen, den die freundliche Bedienung gerade einpackte, und unterhielten uns. Von rechts kommend, fiel uns ein sehr vornehm aussehender und ebenso gekleideter junger Mann auf, der sich neben uns stellte. Wir schauten uns an. »Sehr vornehm«, dachten wir wohl gleichzeitig, während die Bedienung den Kuchen reichte. Das Wechselgeld entgegennehmend, verabschiedeten wir uns. Genau in diesem Moment begann der junge Mann zu bestellen. Wir hörten seine Stimme und schauten uns wieder an, aber dieses Mal mit einem Gesichtsausdruck, als hätten wir in eine saure Zitrone gebissen. Wir dachten: »Hätte er doch nie etwas gesagt« – wir hätten ihn immer in bester Erinnerung behalten!

An diesem Beispiel zeigen sich dem Leser drei Aspekte:

1. Stimme vermittelt Kompetenz.
2. Stimme wird immer mit einem bestimmten Charakter verbunden.
3. Stimme weckt sofort Sympathie oder Antipathie.

Der Stimmklang des Sprechenden bestimmt die jeweilige Atmosphäre. Nur eine wohlklingende Stimme bringt rhetorisch-kommunikative Fähigkeiten auf den Punkt. Damit ist die Stimme das Fundament für jedes erfolgreiche Gespräch.

Es gibt Menschen, die körperlich einen authentischen und gelungenen Auftritt haben, diesen allerdings durch ihre Stimme und ihre Art zu sprechen deutlich schmälern. Während dagegen vermeintlich unscheinbare Menschen gerade in dem Moment zu einer Persönlichkeit werden, wenn sie anfangen zu sprechen.

Wo liegen die Ursachen dieser unterschiedlichen Wirkung? Vor allem stellt sich die Frage: Kann man seine Stimme zum Positiven verändern? Anders formuliert: Wie steuern Sie Ihre Stimme, um auch in unangenehmen Situationen, wie schwierigen Patienten- und Mitarbeitergesprächen, ruhig und gelassen zu wirken?

Stimme kann sowohl Ausdruck von Nervosität als auch Ausdruck von Souveränität sein.

Zunächst zur Frage nach den Ursachen. Sie kennen sicher das Sprichwort: »Der Ton macht die Musik«. Als logische Konsequenz müsste es dann heißen: »Die Stimme macht das Wort«. Dies ist die simple Erklärung! Das schönste Konzert wird verdorben, wenn nur einer der Musiker nicht den richtigen Ton trifft. Dieses Bild können wir auf die menschliche Stimme gleich in zweifacher Hinsicht anwenden:

- Einmal bezogen auf den Grundton der Stimme, welcher in der Indifferenzlage (Normalsprechtonbereich) angenehm, resonanzreich und sympathisch klingt.
- Zum anderen auf unsere momentane Stimmung, welche sich auf unsere Stimme und die damit produzierten Töne überträgt.

Hinsichtlich der Veränderbarkeit unserer Stimme bleiben mindestens zwei Fragen offen:
1. Wie kommt man in die Indifferenzlage?
2. Wie schafft man es, auch in der Hektik des Alltags, den richtigen Ton zu treffen?

Im Übungsteil weiter unten zeigen wir Ihnen eine Methode, die diese Fragen beantworten wird.

Die Stimme entscheidet über Ihren Erfolg

Wir kommen noch einmal auf die Forschungsergebnisse von Albert Mehrabian zurück. Sie belegen nicht nur die Bedeutung der Körpersprache, sondern besagen zudem, dass der Ton, die Stimme also, zu 38% unseren Erfolg bestimmt. Lässt sich das weiter untermauern? Ein Experiment, auch wenn es nicht aus der Humanforschung stammt, soll als Allegorie dienen. Hauptakteure dieses Experiments waren Pflanzen und zwei Arten von Musik – Rockmusik und klassische Musik. In zwei nebeneinander liegenden Räumen wurden Pflanzen der gleichen Art aufgestellt. Beide Pflanzengruppen wurden mit Musik beschallt, die einen mit klassischer Musik, die anderen mit Rockmusik. Während die Pflanzen, die Klassik »hörten« – in diesem Fall Haydn, Brahms oder Mozart – sich den Lautsprechern zuneigten, manche die Lautsprecher sogar umschlangen, richteten sich jene Pflanzen, welche der Rockmusik ausgesetzt waren, von den Lautsprechern weg. Manche versuchten sogar, die glatten Fensterwände emporzuklettern.

Eine ähnliche Wirkung hat der Klang auf den Menschen, vor allem der Klang der Stimme. Stimme vermittelt und bestimmt die Stimmung maßgeblich.

Kennen Sie einen überzeugenden Menschen mit einer unsicheren Stimme, einen dynamischen Menschen mit einer langweiligen und trägen Stimme?

Stimmen klingen natürlich sehr verschieden. Manche Stimmen klingen wie Reibeisen, einige wie Trommeln, wieder andere entsprechen einer schlechten Tonbandaufnahme. Entsprechend reagieren wir: Stimme kann stören und Stimme kann verzaubern!

Um das Instrument Stimme am effektivsten zu nutzen, müssen wir es »spielen« lernen. Indem wir die natürlich klingende Stimme erwecken, blüht die gesamte Persönlichkeit auf: romantisch und leidenschaftlich wie eine Violine, stark und dramatisch wie eine Posaune, hell und feinfühlig wie eine Flöte.

Die Persönlichkeit eines Menschen vermittelt sich zum Teil über die durch Stimme dargebotene Sprache.

Das Ohr führt die Welt in den Menschen

Aufgrund der heutigen physikalischen, physiologischen und psychologischen Erkenntnisse wissen wir um die Kraft einer klingenden Stimme. Unsere Stimme besteht aus Schwingungen, den Schallwellen. Wir Menschen reagieren auf Schwingungen, und zwar schon auf geringgradige. Auf die metaphorische Ebene übertragen heißt das: Ein guter Redner, mit einer wohl klingenden und gleichmäßig schwingenden Stimme bringt seine Hörer ebenfalls zum Schwingen. Redner und Hörer schwingen miteinander und die Zuhörer lauschen gerne.

Beschäftigen wir uns zunächst mit dem Hören. Bereits in der Bibel steht geschrieben, dass wir hören sollten »mit Ohren, so groß wie Scheunentore«. Der Klang der Stimme des Gegenüber wird als Schallwellen in das Ohr geleitet. Dort werden sie in Signale umgewandelt und über Nervenbahnen, die sog. Hörbahn, zum Schläfenlappen des Großhirns weitergeleitet.

Unser Gehörsinn ist in der Tat ein Wunder und übertrifft das Sehvermögen in vielerlei Hinsicht. Mischt ein Maler beispielsweise drei Farbtöne miteinander, kann das Auge das Resultat nur als eine einzige Farbe wahrnehmen. Werden dagegen drei Instrumente gemeinsam gespielt, z. B. Flöte, Klarinette und Oboe, können wir über unser Ohr *einen* Klang wahrnehmen, aber auch den Klang dieser drei Instrumente differenzieren. Leider besteht beim heutigen Menschen eine Dominanz des Sehens, und das nicht erst durch die Bedeutung der bewegten Bilder.

Das Hören ist mithin unser edelster Sinn. Der Klang unserer Stimme bestimmt unser Leben zu einem nicht unwesentlichen Teil. Unser wichtigstes Kommunikationsmittel ist die Sprache, das Hören ist die Vorraussetzung dafür.

Machen Sie doch einmal einen kleinen Test: Legen Sie Ihre Armbanduhr vor sich auf den Tisch, und halten Sie sich nun eine Minute lang die Ohren zu. Danach beantworten Sie sich bitte folgende Fragen:
- Was habe ich gefühlt?
- War es ein angenehmes Gefühl?

Jetzt schließen Sie noch einmal für eine Minute Ihre Augen. Danach beantworten Sie bitte die folgenden Fragen:
- Was habe ich gefühlt?
- War es ein angenehmes Gefühl?
- Welches Gefühl war angenehmer?

Der Ausdruck macht Eindruck

Zurück zur Handlung, die meist aus dem Hören resultieren: dem Sprechen.

Sie sollten so formulieren, dass die gesprochenen Wörter nicht nur wahrgenommen, sondern auch verstanden werden.

Dabei gilt der Grundsatz: Der Ausdruck macht Eindruck! Der Zuhörer sollte von Ihrer Wortwahl beeindruckt sein. Um sich verbal besser darzustellen, muss man sinnbildlich aus sich herausgehen. Kinder leben uns den Idealfall vor. Beobachten Sie die Mimik eines kleinen Kindes, das davon erzählt, wie heiß eine Kerze ist. Da ist das gesamte Gesicht, von der Stirn bis zum Kinn, mit einbezogen. Dieses Kind geht »aus sich heraus«.

Viele Erwachsene hingegen würden das Wort »heiß« mit der Mimik einer Bronzestatue aussprechen. Das ist nicht ausreichend, wenn wir beeindrucken wollen. Wie geht man »aus sich heraus«? Oder anders formuliert: Wie wird man eine Persönlichkeit?

Indem man »personare« durch die Maske klingt. Was bedeutet das? Die Schauspieler trugen früher starre Masken, die die Stirn bis zur Nase bedeckten. Um diesem starren Bild Persönlichkeit zu geben, musste der Akteur mit seiner klingenden Stimme durch die Maske tönen.

Wie aber klingt man durch die Maske? Diese Frage werden wir Ihnen im aktiven Übungsteil beantworten. Kommen wir aber zunächst zu den Grundsätzen der Stimmbildung:

Hauptregeln der Stimmbildung

- Klar und sprachbezogen denken, denn jeder Gedanke verändert Atmung, Stimmproduktion und Artikulation
- Eine aufrechte, aber entspannte Körperhaltung
- Eine dem jeweiligen Atemtyp angepasste Atmung und die entsprechende Steuerung der Atmung bezüglich der Sinnpausen
- Bewusstes Hören auf die Klangqualität der Stimme, um einen resonanzreichen Klang zu erzeugen
- Das Bilden eindeutiger und voneinander unterscheidbarer Vokale und Konsonanten
- Offen stehende Stimmlippen
- Lockerer Kiefer und Zunge für eine deutliche Artikulation
- Das Üben des Zusammenspiels von Stimmerzeugung und Artikulation

3.8　Fünf Stimmübungen

»Grau ist alle Theorie, doch grün des Lebens goldner Baum«
　　　　　　　Johann Wolfgang von Goethe

Wir möchten Ihnen einige Übungen vorstellen, mit denen Sie Ihre Stimme »stimmen« können.

Übung 1: Nehmen Sie Ihren Standpunkt ein

Man muss als Vorraussetzung beim Sprechen »geerdet« sein. Um dies zu erreichen, stellen Sie sich Folgendes vor:

- Sie stehen mit beiden Füßen fest am Boden.
- Sie spüren dabei, wie Ihre Füße engen Kontakt zum Boden haben.
- Sie spüren, dass der Boden Sie trägt.
- Sie sehen vor Ihrem geistigen Auge, wie Wurzeln von Ihren Füßen in die Erde wachsen. Sie sind jetzt fest mit der Erde verbunden.
- Sie haben Ihren Standpunkt eingenommen! Gleichzeitig spüren Sie, wie Sie durch einen Faden, der auf der Mitte Ihres Schädels angebracht ist, leicht nach oben gezogen werden.
- Nun stehen Sie in optimaler Körperspannung.

Übung 2: Gähnen Sie – immer und überall

Für ein resonanzreiches Sprechen ist es wichtig, die Räume im Mund zu dehnen. Das heißt, die Zunge sollte nach unten Richtung Mundboden Platz schaffen, während gleichzeitig sich das Gaumensegel einschließlich des Zäpfchens hebt. Diesen erweiterten Raum erzeugen Sie am einfachsten durch Gähnen, welches übrigens eine der ältesten Übungen in der Stimmbildung ist. Lernen Sie den Gähnreflex jederzeit auszulösen.

- Formen Sie mit Ihren Lippen ein O.
- Jetzt schließen Sie den Mund, so dass sich Ober- und Unterlippe berühren. Sie haben sozusagen eine Luftkugel eingeschlossen.

▬ Jetzt senken Sie den Unterkiefer ein wenig ab. Der vordere Mundbereich weitet sich. Dies setzen Sie nach hinten fort. Nun weitet sich der Raum innerhalb der Mundhöhle, als würde sich die Luftkugel von den Lippen bis zum Rachen hin konisch öffnen.

▬ Der Gähnimpuls ist damit eingeleitet. Diese Erweiterung des Mund- und Rachenraumes gilt es beizubehalten.

Beim Gähnen werden der gesamte Stimmapparat und die Atemhilfsmuskulatur mit einbezogen. Das kann durch Strecken des gesamten Körpers unterstützt werden.

Übung 3: Sprechen Sie durch die Maske

Jetzt kommen wir zur vorhin erwähnten Indifferenzlage: Brummen Sie bitte aus der Tiefe Ihres Bauches einen Ton, der vermittelt, dass es Ihnen traumhaft gut geht. Wie hört sich das an?

Was Sie gerade gehört haben, ist Ihre Stimme in der Indifferenzlage. Sie brauchen also lediglich ein »Mmmhh« gegen die Lippen summen und in dieses Summen hinein sprechen. Zur Übung hängen Sie nun an das »Mmmhh« abwechselnd verschiedene Vokale wie o – u – a – e – i.

Vorhin hatten wir gefragt, wie man durch die Maske klingt.

Zur Veranschaulichung:

▬ Um ein authentisches Gefühl dafür zu bekommen, massieren Sie bitte den oberen Teil Ihrer Stirn von der Mitte ausgehend bis zu beiden Schläfen. Anschließend den mittleren Teil der Stirn bis zu den Schläfen und dann den unteren Teil der Stirn kurz oberhalb der Augenbrauen wieder bis zu den Schläfen. Jetzt setzen Sie die Massage unterhalb der Augenhöhle übers Jochbein und danach über Nasenwurzel zum Nasenrücken fort.

▬ Haben Sie nun das Gefühl, Ihr Gesicht sei in Höhe der Nase horizontal geteilt und bestehe aus einem Ober- und einem Unterteil?

▬ Summen Sie ein »Mmmhh« genau in diesen Bereich der oberen Gesichtshälfte mit der Vorstellung, diese imaginäre Maske würde vibrieren.

▬ Danach hängen Sie wie oben beschrieben noch einen Satz Vokale daran.

Wie treffen Sie in der Hektik des Alltags den richtigen Ton? Die Antwort ist einfach: durch Ihre Intention.

Fragen Sie sich beim Sprechen immer wieder: Welche Gedanken lösen eigentlich meine Worte aus? Bestimmt z. B. die lange Parkplatzsuche den Klang Ihrer Begrüßung, wenn Sie Ihrem Patienten gegenübertreten?

Beim Sprechen sollten Sie sich ein Ziel örtlich genau auswählen, wo Ihre Worte »ankommen« sollen, um dann mit Ihrer gebündelten Stimme dieses Ziel anzupeilen. Dazu bauen Sie eine Sprechspannung auf, die bis vor die Nasenspitze reicht.

Berücksichtigen Sie bitte, dass zu schnelles Sprechen unangenehm auf den Zuhörer wirkt. Je langsamer sie sprechen, umso resonanzreicher klingt Ihre Stimme und wird als angenehm empfunden.

Übung 4: Machen Sie die Stimme zum Träger Ihrer Worte

Das Synchronprinzip wird Ihnen ebenfalls helfen, besser wahrgenommen zu werden. Die Stimme folgt der Bewegung, oder vereinfacht und sinnbildlich formuliert: Wenn die Hand greift, greift die Stimme mit. Das bedeutet: Die Intensität einer Bewegung zieht die Stimme quasi huckepack mit.

Zur Verdeutlichung sagen Sie bitte zweimal: »Keine Ahnung.«

▬ Einmal, indem Sie Ihre beiden Arme völlig regungslos hängen lassen.

▬ Ein zweites Mal, während Sie gleichzeitig mit Ihren hochgezogenen Schultern Ihre Ahnungslosigkeit zum Ausdruck bringen. Ihre Atmung ist damit Träger der Stimme, welche die Worte somit auf unterschiedliche Art und Weise hervorbringt.

Übung 5: Artikulieren Sie deutlich

Um Atmung und Stimmproduktion zu erleichtern, sollten Sie auf eine klare und deutliche Artikulation achten. Eine wunderbare Artikulationsübung ist das sog. Korkensprechen.

- Sie nehmen einen Weinkorken wie eine Zigarre zwischen Ihre Zähne (ca. 4 Millimeter in die Mundhöhle reichend).
- Trotz dieses Hindernisses versuchen Sie, so deutlich wie möglich laut zu lesen.
- Nachdem Sie eine halbe DIN-A4-Seite eines selbstgewählten Textes gelesen haben, nehmen Sie den Korken heraus und lesen laut weiter.
- Sie bemerken nun sicher, dass Sie deutlicher sprechen.
- Unsere Empfehlung: Sprechen Sie ungefähr 5 Minuten täglich mit dem Korken im Mund.

Einige der gerade erwähnten Techniken können im Prinzip ZISIZ® zusammengefasst werden:

- **Z:** Zäpfchen heben, Zunge nach kaudal (unten) in Richtung Mundboden, um dadurch Raum zu schaffen.
- **I:** Indifferenzlage/Normalsprechtonbereich – über ein gesummtes »Mmmhhh« zu erreichen.
- **S:** Stimmansatz – Stimme sollte nicht im Kehlkopf »entstehen«. Sie streicht am weichen Gaumen entlang und wird an einem Punkt kurz hinter den vorderen Schneidezähnen, am harten Gaumen, gebildet.
- **I:** Intention – warum rede ich? Was sind die Gedanken, die meine Worte auslösen?
- **Z:** Zielorientierung – ich richte meine Stimme wie einen Laserstrahl – klar und gebündelt – auf meinen Gesprächspartner. Ich durchdringe dadurch alle störenden Nebengeräusche.

Folgender Bericht zum Thema Stimmanalyse zeigt den Stellenwert der Stimme als Spiegel der Persönlichkeit. Flugzeugabstürze sind häufig durch menschliches Versagen bedingt, beispielsweise durch die Müdigkeit des Piloten. Um dieses Risiko zu minimieren, haben Forscher des Electronic Navigation Research Institute in Tokio ein automatisches Warnsystem entwickelt, das schon erste Anzeichen von Müdigkeit an der Stimmen erkennt. Das Frequenzmuster der Stimme verändert sich bereits 10–20 Minuten, bevor dem Betroffenen sein Zustand selbst bewusst wird. Nach erfolgreichen Laborstudien sind nun Untersuchungen an Piloten und Tankerkapitänen geplant.

Die Stimme ist also noch weitaus mehr als eines der wirksamsten Mittel der Kommunikation und Rhetorik!

3.9 So gefährden Sie Ihren Kommunikationserfolg

Bestimmte kommunikative und rhetorische Verhaltensweisen sollten Sie in jedem Gespräch vermeiden. Menschen reagieren sehr sensibel, wenn ihr Selbstwertgefühl attackiert wird. Ihr Gegenüber konzentriert sich dann nicht mehr auf den Inhalt des Gespräches. Ihr Gesprächspartner versucht, sein Gesicht zu wahren und reagiert häufig mit Gegenangriffen getreu dem Motto: Druck erzeugt Gegendruck. Vermeiden Sie folgende sprachliche Verhaltensweisen, die das Selbstwertgefühl Ihrer Mitmenschen angreifen könnten:

- **Befehlston:** »Geben Sie mir mal die Mappe da!«
- **Ironie und Zynismus:** »Wie es Ihr hervorstechender Charakterzug ist, Herr Schulz, sind Sie heute wieder überpünktlich.«
- **Überheblichkeit und abwertendes Verhalten:** »Mit Ihnen rede ich gar nicht.«; »Was will man von einem wie Ihnen auch Anderes erwarten.«

- **Übertreibungen:** »Nie machen Sie etwas richtig.«
- **Verallgemeinerungen und Klischees:** »Typisch Frau!«
- **Witze:** Fast immer sitzt jemand in einer Besprechung, der sich durch Ihren Witz persönlich betroffen fühlt oder diesen erst gar nicht versteht.

◻ Tab. 3.2. Der kommunikative »Handwerkskasten« im Überblick

Kommunikationstechnik	Erläuterung
Gesprächsvorbereitung Organisatorische Vorbereitung Psychologische Vorbereitung: positive Gesprächsatmosphäre herstellen	Einstellung zum Gesprächspartner und -gegenstand prüfen Gesprächsphasen beachten: Eröffnung, Anlass, Kerngespräch, Abschluss Gesprächsziel festlegen Argumentationsstrategie entwickeln, etwa Fünf-Satz-Technik
Körpersprache beachten	Inhalts- und Beziehungsebene unterscheiden Für die eigene Körpersprache sensibilisieren und diese kontrolliert einsetzen Übereinstimmung zwischen verbalen und nonverbalen Signalen anstreben Auf Mimik, Gestik und Körperhaltung des Gesprächspartners achten
Fragetechniken	Vor allem offene Fragen und Techniken einsetzen, die zum Dialog führen
Aktives Zuhören	Verbalisieren, Paraphrasieren, Nachfragen
Logisches sowie deutliches Sprechen und Argumentieren	Klare und präzise Sprache, stringente Argumentation
Einwänden begegnen	Vorwand von Einwand unterscheiden Einwände argumentativ entkräften Vorwände hinterfragen, dann entkräften
Ich-Botschaften	Aussagen als Ich-Botschaften formulieren, damit die Meinung des Fragestellers zur Diskussion stellen
Konferenzen und Besprechungen souverän moderieren	Moderationstechniken nutzen Teilnehmertypologie entwerfen
Die Stimme	Klare Gedanken Aufrechte entspannte Körperhaltung Richtige Atemtechnik Bewusstes Hören auf die Klangqualität Klare und voneinander unterscheidbare Vokale Lockerer Kiefer und Zunge für freie Artikulation Zusammenspiel von Atmung und Sprechen

✍ Nehmen Sie sich Zeit zum Nachdenken
Notieren Sie in Ihrem persönlichen Strategieheft Ihre Überlegungen zu der Übersicht des kommunikativen Handwerkskastens. Gehen Sie die Liste bitte Punkt für Punkt durch und fragen Sie sich jeweils, ob Sie die genannte Technik einsetzen, wie Sie sie einsetzen, welche Optimierungsmöglichkeiten es gibt und was Sie tun müssen, um diese Möglichkeiten umzusetzen.

Meine wichtigsten Erkenntnisse:

So setze ich das Gelesene um:

Teil 2   Ihre persönliche Einstellung

Lassen Sie uns kurz Rückschau halten: Kommunikative Kompetenz erreichen Sie, wenn Sie zum Beziehungsmanagement fähig sind und den Handwerkskasten der Kommunikation situations- und personenorientiert einsetzen können.

Ist das alles? Nein – eine entscheidende Voraussetzung für Ihre kommunikative Überzeugungskraft ist Ihre Einstellung, und zwar Ihre Einstellung zu sich selbst, Ihr Glaube an sich selbst. Wenn Sie erfolgreich kommunizieren wollen, müssen Sie davon überzeugt sein, dies zu können. Was wir uns zutrauen, hängt davon ab,

- was wir über uns denken,
- woran wir glauben und
- was wir meinen, erreichen zu können.

Zur Verdeutlichung bitten wir Sie, gemeinsam mit uns zunächst die Säulen des Erfolges zu betrachten:

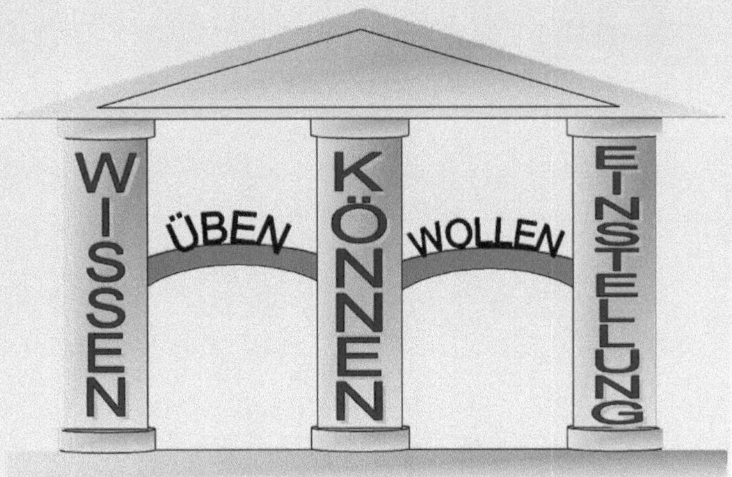

Säulen des Erfolgs

Wissen, Können und Einstellung sind die tragenden Säulen des Erfolges. Um vom Wissen zum Können zu gelangen, gilt es, permanent zu üben. Die Kunst in der Kommunikation liegt darin, auf verschiedene Situationen und Personen unterschiedlich reagieren zu können. Dieselbe Person kann auf die gleiche Aussage in einem anderen Zusammenhang vollkommen konträr reagieren. Wir sind ständig gefordert, unsere Kommunikation auf die gewünschte Wirkung zu überprüfen.

Der ehemalige US-Außenminister Charles Evans Hughes (Amtszeit: 1921–26) formulierte es einmal so: »Ob das, was wir tun, richtig oder falsch ist, lässt sich nur aufgrund der Ziele beurteilen, die zu erreichen wir uns vorgenommen haben.«

Fehlerhafte Kommunikation bzw. daraus folgende Falschinterpretationen sind bedeutende Quellen für Missverständnisse in der Arztpraxis.

Die Herausforderung besteht darin, verschiedenste Kommunikationsmöglichkeiten auszuprobieren, um sich permanent zu verbessern.

Neben Wissen und Können ist die Einstellung eine tragende Säule der Kommunikation. Wenn ich meine Kommunikationskompetenz nicht verbessern *will, weil ich es als sinnlos oder überflüssig erachte und mir keine Zeit dafür nehme, dann werde ich kaum Fortschritte machen. Die Einstellung ist eine der wichtigsten Säulen des Erfolges.*

Gelegentlich hindern uns unsere Einstellung und Überzeugungen daran, unser Potenzial voll zu entfalten. Es gelingt uns dann nicht, uns in einen »guten«, den Erfolg fördernden Zustand zu versetzen.

Im Folgenden geht es um Selbstmanagementmethoden, die Ihre Kraft und Energie aktivieren sollen, um sich in einen positiven Zustand zu versetzen und Ihre kommunikativen Fähigkeiten voll zu entfalten.

Die Bedeutung Ihrer persönlichen Überzeugungssätze für die Kommunikation

»Causarum enim cognitio cognitionem eventorum facit.« (»Die Kenntnis der Ursachen bewirkt die Erkenntnis der Ergebnisse.«)   Marcus Tullius Cicero

Die Fähigkeiten, bestimmte Persönlichkeitsmerkmale zu verändern, sind in jedem von uns verborgen. Man muss sie sich nur bewusst machen und aktivieren. Überhebliches Auftreten gegenüber anderen Menschen, die eigenen Fehler nicht offen zugeben zu können, Lob für überflüssig zu halten, zu denken, man selbst könne alles am Besten erledigen sowie bei Schwierigkeiten nach Schuldigen zu suchen – all dies zählt nach unserem Verständnis nicht zu dem Verhalten eines selbstbewussten Menschen.

Selbstbewusste Menschen können einem Anderen den Vorrang geben und gestehen eigene Fehler offen ein. Selbstbewusste Ärzte schreiben Erfolge den Assistentinnen zu, um die Motivation des Praxisteams aufrechtzuerhalten und fühlen sich für nicht erreichte Ziele selbst verantwortlich. Sie suchen gemeinsam mit ihrem Team nach Lösungen – und nicht nach Schuldigen. Sie verteilen großzügig Lob, weil sie sich ihrer selbst bewusst sind.

Wenn man Ihnen nun die Aufgabe stellen würde, über sich selbst eine Persönlichkeitsanalyse zu erstellen, wie würde diese aussehen? Welche Stärken und welche Schwächen würden Sie sich selbst bescheinigen? Welche dieser Stärken und Schwächen würden Ihnen auch andere bescheinigen?

> **✍ Nehmen Sie sich Zeit zum Nachdenken**
>
> Nehmen Sie bitte Ihr persönliches Strategieheft zur Hand und notieren Sie in kurzen Stichworten unter der Überschrift »Meine Persönlichkeitsanalyse« Ihre Eigenschaften. Nehmen Sie sich hierfür ca. 10 Minuten Zeit. Die notierten Stichworte sollten einen Überblick Ihrer selbstreflektierten Persönlichkeitsmerkmale geben.

Bei dieser Übung geht es um Ihre ehrliche Einschätzung. Beurteilen Sie sich eher als Versager- oder als Erfolgstyp, als negativ oder positiv denkenden Menschen? Grundlage Ihrer Selbstreflexion sind Ihre Überzeugungen und Glaubenssätze.

Durch Prägung von Einflüssen aus der Umwelt, welche bereits frühzeitig im Elternhaus beginnt, erwachsen Ihre tief verwurzelten Überzeugungen ebenso wie Ihre Zweifel. Vieles davon wird unbewusst gespeichert.

Überzeugungen und Glaubenssätze sind für uns oft feste Gebote, wie etwa »Männer weinen nicht«, »Ein Indianer kennt keinen Schmerz«. Vielleicht sind Ihnen einige Ihrer Glaubenssätze bewusst.

Ein Seminarteilnehmer erzählte uns, dass in seinem Elternhaus häufig folgender Satz gebräuchlich war: »Du schafft das schon, im Gegensatz zu deinem Bruder!« Unbewusst wurde dieser Satz bei beiden Kindern auf unterschiedliche Art und Weise gespeichert. Das unterschiedliche Verhalten der Eltern, das sich über die scheinbar unbedachte Äußerung demaskierte, führte bei unserem Teilnehmer zur Entwicklung eines aufgeschlossenen und neugierigen jungen Mannes. Im Gegensatz zu seinem Bruder, der mit 34 Jahren vor jeder größeren Entscheidung zweifelt. Unsere Überzeugungen sind ein fester Bestandteil unserer Einstellung, aus der das Handeln erwächst.

Erfolgreich zu kommunizieren bedeutet auch, positiv über sich selbst und seine Mitmenschen zu denken. Voraussetzung dafür ist, die eigenen Glaubenssätze zu überprüfen, die positiven zu stärken und auszubauen sowie die negativen zu hinterfragen, ob und inwieweit sie unseren Erfolg behindern.

4.1 Überzeugungen können Realität schaffen

Eine Aufgabe unserer Trainingskurse besteht darin, in zehn Sätzen die eigene Sicht der Welt darzulegen. Diese Aufgabe führt erwartungsgemäß zu unterschiedlichen Ergebnissen. Ihnen ist bekannt, dass unterschiedliche Erfahrungen eine unterschiedliche Weltsicht bedingen. Die Komplexität der Welt ist so mannigfaltig, dass niemals zwei Subjekte sie auf die gleiche Art erfahren können. Ein jedes Individuum interpretiert aufgrund unterschiedlicher Prägung die Welt auf seine Weise. Was wir als Bild der Welt in uns tragen, ist im übertragenen Sinne lediglich eine Landkarte unserer persönlichen Sicht der Welt. Bedenken Sie bei dieser Allegorie, eine Karte ist nicht das Gebiet selbst, sie ist lediglich ein Abbild dessen.

Erlebte Realität ist zwangsläufig immer subjektiv. Wie bereits erwähnt, ist diese subjektive Betrachtung die häufigste Ursache von Missverständnissen in der Kommunikation.

Sicher haben Sie schon mehrmals an Besprechungen teilgenommen oder Besprechungen mit Ihren Mitarbeitern selbst geleitet. Vielleicht waren Sie ganz begeistert vom Redebeitrag eines Mitarbeiters, während andere Teilnehmer sich eher enttäuscht zeigten. Sie nahmen jedoch an demselben Meeting teil. Sie sahen dieselbe Person, hörten dieselben Worte, saßen zur selben Zeit im selben Raum – und dennoch wird jeder diesen Redebeitrag für sich unterschiedlich werten. Auch dies hängt mit unserer Einstellung zusammen. Welche Bewertung geben Sie einer Situation oder einer Aussage? Wir können uns widerfahrende Ereignisse nur teilweise beeinflussen. Wir können dagegen die Bewertung des Ereignisses und die daraus resultierenden Handlungen beeinflussen.

Nehmen wir an, einer Ihrer Überzeugungssätze lautet: »Unser Praxisteam ist ein Erfolgsteam!« Dann werden Sie überlegen, wie Sie dieses Motto Ihren Mitarbeitern vermitteln können. Bei Erfolg werden Sie Ihre Handlungen weiterhin danach ausrichten. Wenn bestimmte Tätigkeiten dieser Maxime nicht entsprechen, werden Sie Ihre Strategie überprüfen und die entsprechenden Veränderungen vornehmen.

Wenn Sie hingegen überzeugt sind, dass Ihre Mitarbeiter unzuverlässig und unfähig sind, ständig nur Fehler machen und ohne Führung und Kontrolle nicht richtig arbeiten, wird sich die Situation anders darstellen. Selbst wenn Sie sich scheinbar positiv verhalten und Ihren Mitarbeitern etwas vorspielen, werden Sie sich innerlich in einem nicht kongruenten Zustand befinden – und dies wiederum werden Ihre Mitarbeiter spüren.

Rekapitulieren wir in diesem Zusammenhang: Glaubenssätze und Überzeugungen sind nicht natürlicherweise vorhanden, sie werden geprägt durch die Summe unserer Erfahrungen und Erkenntnisse, sie können verändert, ausgetauscht oder verbessert werden – es liegt an Ihnen. Es ist nicht immer notwendig, dass wir negative Glaubenssätze austauschen. Manchmal genügt es, sie zu erweitern.

Ein Arzt in einem unserer Kurse sagte einmal: »Ich bin so, wie ich bin – und jeder muss mich so nehmen!«

Als das Training nach einem viertel Jahr zu Ende ging, erzählte der Arzt wieder von seiner Einstellung. Er hatte sie zwar nicht abgelegt oder als negativen Überzeugungssatz verbannt. Aber er war bereit, ihn zu ändern bzw. zu erweitern, und zwar um den Satz: »Ich muss mich nicht so nehmen, wie ich bin, ich kann mich ändern, wenn ich will!«

Allein durch diese Erweiterung hat er sich selbst die Möglichkeit eröffnet, etwas für sich und sein Verhalten tun, Änderungen zulassen und aktiv vorantreiben zu können.

Ist es nicht interessant, wie kleine Sätze, an die wir glauben, unser Denken und Handeln positiv oder negativ beeinflussen können? Wir nennen diese Sätze deshalb hemmende oder fördernde Überzeugungssätze.

Nun stellt sich die Frage, wie man sich von seinen hemmenden Überzeugungssätzen verabschieden kann und wie man sich fördernde Überzeugungssätze schafft.

4.2   Die Negativ-/Positivspirale

Ihr Glaube an sich selbst wird Ihre Zukunft bestimmen. Wie wir soeben festgestellt haben, gibt es fördernde und hemmende Überzeugungssätze. Manchmal gelingt uns alles, was wir tun, wir befinden uns sinnbildlich im Aufwind. Aber es gibt auch Tage, da gelingt uns nichts, und je mehr wir agieren, desto schlimmer wird die Situation. Wir befinden uns in einer Negativspirale. Wenn alles erwartungsgemäß funktioniert, brauchen wir nichts zu ändern. Schwieriger wird es, wenn wir uns in der Negativspirale befinden (Abb. 4.1).

Wie schaffen wir den Weg nach oben? Auch dies hängt mit unseren Überzeugungen und Einstellungen zusammen. Wenn wir glauben, dass wir mit unserem Praxisteam das Potenzial, den Willen und die Kreativität haben, der derzeit schwierigen Situation im Gesundheitswesen zu trotzen und unsere Ziele erreichen zu können, werden wir die dafür notwendige Energie freisetzen. Unser Handeln wird sich danach ausrichten und das Ergebnis positiv beeinflussen.

Wenn Sie jedoch vom Gegenteil überzeugt sind und glauben, Ihre Ziele nicht erreichen zu können, geben Sie Ihren Gedanken einen negativen Anstoß. Sie befinden sich bereits in einer vorbestimmten Problemerwartung.

Nehmen wir als Beispiel ein wichtiges Mitarbeitergespräch. Eine Mitarbeiterin ist unfreundlich zu den Patienten. Wieviel Ihrer Energie werden Sie dafür einsetzen, um das Kritikgespräch erfolgreich durchführen zu können, wenn Sie von vornherein überzeugt sind, dass es scheitern wird? Durch Ihre Einstellung zu dem Thema haben Sie Ihrem Gehirn bereits die Schwierigkeit »vorgegeben«, diese Kommunikationssituation erfolgreich zu gestalten. Mit dieser Vorgabe gehen Sie nun in das Gespräch. Sie werden nicht aktiv, zielstrebig, zuversichtlich handeln. Welche Ergebnisse werden Sie auf diese Art erzielen? Mit großer Wahrscheinlichkeit nur ausgesprochen unbefriedigende, die wiederum Ihre negative Einstellung nur noch verstärken werden. Sie befinden sich im Abwärtstrend der Negativspirale: Misserfolge ziehen Misserfolge nach sich. Von Misserfolgen geprägte Menschen haben häufig über einen längeren Zeitraum keine positiven Erfahrungen mehr gemacht. Sie versuchen erst gar nicht, ihre positiven Potenziale zu nutzen, sondern richten ihr Leben so passiv wie möglich ein.

Sie können die Dinge auch anders betrachten. Deshalb folgender Tipp: Streichen Sie das Wort »*Misserfolg*« aus Ihrem Wortschatz. Ersetzen Sie es durch das Wort »*Ergebnis*«. Allein dadurch ist es einfacher, sich in die Positivspirale zu begeben.

Nehmen wir einmal an, Sie stehen vor einer neuen Herausforderung. Dann können Sie diese mit großer Erwartung beginnen, quasi mit Herzblut und einem unbeirrbaren Erfolgsglauben. Wahrscheinlich werden Sie mit dieser Einstellung einen großen Teil Ihres Potenzials freisetzen können und nicht halbherzig oder gar zögernd an die Sache herangehen. Sie werden vielmehr die Herausforderung mit maximalem Einsatz angehen. Sie werden neugierig auf das Ergebnis sein. Das erreichte Ergebnis wird dies widerspiegeln.

Das erwähnte Mitarbeitergespräch wird mit dieser »Vorgabe« einen ganz anderen Verlauf nehmen, als wenn Sie es mit jener negativen Problemerwartung führen.

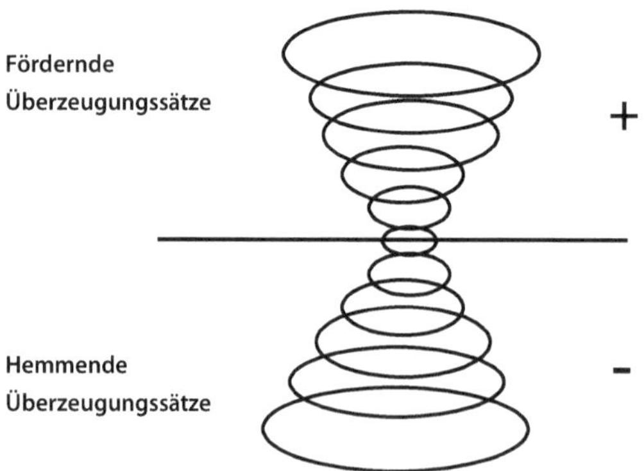

 Abb. 4.1. Negativ-/Positivspirale

Natürlich sind Ihre Einstellung und Ihr Glaube an den Erfolg keine Erfolgsgarantie. Es geht uns nicht um »positives Denken« als Plattitüde. Alle positiven Überzeugungssätze und motivierenden Einstellungen schaffen es nicht, ungetrübten Erfolg auf Dauer zu garantieren. Das wäre eine Illusion. Allerdings haben Menschen mit fördernden Glaubenssätzen und positiver Einstellung immer wieder einen Neuanfang gewagt. Sie haben immer wieder genügend Ressourcen für den Erfolg freisetzen können und lassen sich durch Rückschläge nicht entmutigen, sondern sehen diese als Herausforderung. Positiv denkende Menschen sind nicht auf Probleme fixiert, sie haben ihr Augenmerk auf ihre Ziele gerichtet.

Wir möchten Ihnen nochmals die Stufen des Erfolgskreislaufes im Überblick zeigen (◙ Abb. 4.2):

Es lohnt sich, seine Überzeugungssätze wiederholt zu überdenken, um in eine positive Erfolgsspirale zu gelangen. Prüfen Sie dazu bitte, woran Sie glauben, indem Sie sich folgende Fragen stellen und diese mit positiven Werten und Überzeugungssätzen beantworten:

- Was ist mir wichtig?
- Welche Werte vertrete ich?
- Was macht mir Spaß?
- Wo, wann und wie fühle ich mich wohl?
- Wie sehe ich mich selbst?
- Was will ich im Leben erreichen (materiell/immateriell)?
- Welche Erinnerungen an mich sollen einmal zurückbleiben?
- Was motiviert mich?
- Was aktiviert/reizt mich?
- Will ich das, was ich tue?/Tue ich das, was ich will?
- Warum bin ich Arzt geworden und habe damit auch die Verantwortung für andere übernommen?

Wir haben bereits erklärt, dass es nicht immer nur motivierende und fördernde Überzeugungssätze gibt. Möglicherweise haben auch Sie im

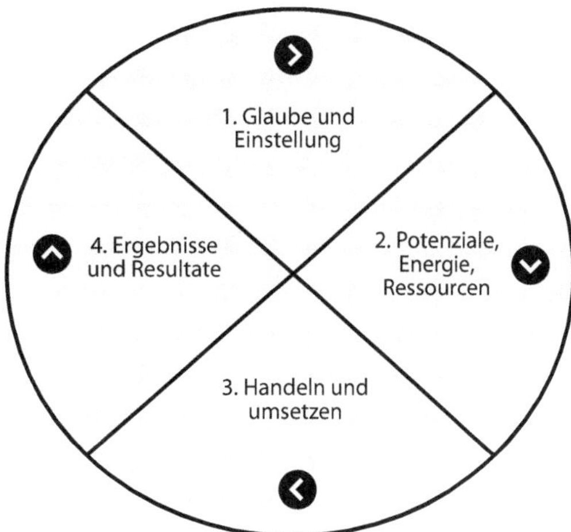

◙ **Abb. 4.2.** Stufen des Erfolgskreislaufes

Laufe Ihres Lebens eine Anzahl hemmender Glaubenssätze verinnerlicht. Prüfen Sie diese ganz speziell mit Hilfe der vorigen Fragen und formulieren Sie diese dann positiv um. Glauben Sie fest daran, dass Sie und Ihr Team Ihre Vorgaben auch erreichen können.

4.3 Überzeugungssätze umdeuten

In den Seminaren zum Thema Selbstmanagement stellen wir häufig fest, dass viele Konfliktsituationen durch tief verwurzelte Überzeugungssätze bedingt sind – dazu ein Beispiel:

Eine Stationsärztin einer Pflegeeinrichtung war der festen Überzeugung, eine Krankenschwester – nennen wir Sie Monika Hellwig – sei vollkommen unqualifiziert. Diese Bewertung mochte durch Erfahrung legitimiert sein. Frau Hellwig waren mit hoher Wahrscheinlichkeit einige unnötige Fehler unterlaufen. Die Gefahr bestand darin, dass die Ärztin aufgrund ihrer Überzeugung auch in dem zukünftigen Handeln von Monika Hellwig immer nur nach Bestätigungen für ihre vorgefasste Meinung suchte und gar nicht mehr in der Lage war, die Schwester objektiv zu beurteilen.

Wir forderten jene Ärztin auf, ihre Überzeugungssätze kritisch zu reflektieren: »Stimmt es wirklich, dass Schwester Monika unqualifiziert ist oder verallgemeinere ich eine einzelne Erfahrung zu einer grundsätzlichen Bewertung, mit der ich ihr nicht mehr gerecht werde?« Die Ärztin erkannte im Verlauf, dass ihr Überzeugungssatz sie daran hinderte, die Leistungen von Monika Hellwig unbefangen zu bewerten.

Bezüglich eines hemmenden Überzeugungssatzes ist es sinnvoll, sich neue Überzeugungen zu erarbeiten und bestehende in ein anderes Umfeld zu setzen oder »umzudeuten«. In der Sprache des Neuro-Linguistischen Programmierens heißt diese Technik »Reframing«. »Frame« ist der »Rahmen« und Reframing heißt, einen neuen Rahmen zu konstruieren. Wird ein Problem »reframt«, dann bekommt dasselbe Ereignis eine ganz neue Bedeutung, so dass neue Verhaltensweisen möglich werden.

Reframing meint also den Prozess des Umdeutens, der es erlaubt, eine neue Perspektive einzunehmen und etwas auf eine ganz andere Art und Weise zu interpretieren. So kann eine Eigenschaft, die jemand bei sich selbst oder anderen als negativ empfindet, in einen Zusammenhang gestellt werden, in der diese Eigenschaft sich als nützlich erweist.

Für unser Beispiel bedeutete dies: Jene Stationsärztin bemängelte an Monika Hellwig unter anderem, dass diese gelegentlich zu spät zu den Mitarbeitertreffen kam. »Frau Hellwig ist eine unzuverlässige Pflegekraft, die nie auf die Zeit achtet.« Die Ärztin stellte sich nun die Frage: »Angenommen, eine pflegebedürftige Patientin will ein intensives Gespräch mit der Schwester führen. Wäre es dann nicht von Vorteil, wenn Frau Hellwig sich auf das Gespräch einlässt, ohne auf die Uhr zu schauen, nur weil ein Treffen ansteht?« Dieses »Umdeuten« erlaubte es der Ärztin, zumindest einmal nach den Gründen für die Unpünktlichkeit der Mitarbeiterin zu fragen: Vielleicht befand sie sich oft in Gesprächen mit den Patienten, hatte ein »offenes Ohr« für sie und kam daher zu spät?

Die Ärztin gelangte auf diese Weise zu der Überzeugung, dass die Unpünktlichkeit der Mitarbeiterin weniger Ausdruck für ihre Unzuverlässigkeit war, sondern eher als Maß ihrer Ernsthaftigkeit zu betrachten sei. Nachdem sie in der vermeintlichen Schwäche eine Stärke erkannte, konnte sie die Krankenschwester unvoreingenommen beurteilen und sie nun ganz bewusst für intensive Gespräche mit schwer pflegebedürftigen Patienten einsetzen.

✍ Nehmen Sie sich Zeit zum Nachdenken

Greifen Sie zu Ihrem persönlichen Strategieheft und notieren Sie mindestens fünf Überzeugungssätze, die in der Vergangenheit Ihre Handlungsweise bestimmt haben. Denken Sie dabei auch an Ihre
wichtigsten Werte. Nun prüfen Sie diese Überzeugungssätze daraufhin, ob sie Ihr Verhalten hemmen
oder fördern. Wenn diese Ihr Verhalten hemmen, überprüfen Sie die Möglichkeiten, sie zu erweitern
oder mit Hilfe der Umdeutungstechnik gegen fördernde Überzeugungssätze auszutauschen.
Danach listen Sie mindestens fünf positive Überzeugungssätze auf, die Ihnen dabei helfen können,
Ihre wichtigsten Ziele gemeinsam mit Ihrem Praxisteam zu erreichen.

Meine wichtigsten Erkenntnisse:

So setze ich das Gelesene um:

Hilfreiche Zustände erzeugen

»Ein reiner Gedanke ist weitaus mächtiger
als eine lange Reise.« Mahatma Gandhi

Erfolg hängt mit unseren Gedanken zusammen. Das haben wir bereits ausführlich beschrieben. Was bewirken Gedanken? Wie funktioniert denn nun unser Biocomputer? Gedanken sind nicht per se als flüchtig zu betrachten.

Viele Menschen haben schnell eine Entschuldigung zur Hand, indem sie sagen: »Das war nicht so gemeint, es war ja nur so ein Gedanke.« Gedanken sind jedoch mehr als flüchtige Geistesblitze. Sie sind quasi Aufträge ans Unbewusste. Gedanken spiegeln unbewusst Informationen wieder, andererseits werden die Gedanken als Erfahrungen abgelegt und können jederzeit wieder abgerufen werden. Wie funktioniert dieses dem Bewusstsein verborgene? Wir wollen versuchen, auf einfache Weise und ohne große wissenschaftliche Ausführungen das Arbeitsprinzip des Unbewussten zu verdeutlichen.

Dabei bedienen wir uns eines einfachen Vergleiches. Lassen Sie uns als Analogie einen Computer wählen. Ein Computerprogramm funktioniert nach der binären Logik. Als stark vereinfachtes Modell ist dies für das Unbewusste in diesem Zusammenhang gut geeignet, auch wenn unterschiedliche kognitive Reize viel komplexere Handlungen zur Folge haben können. Gehen wir einmal die Geschichte unseres Lebens gemeinsam durch.

Schritt 1: Grundausstattung – Hardware

Die Hardware eines Computers ist Vorrausetzung, damit beim Einschalten des PC überhaupt ein Betriebssystem geladen werden kann. Die Hardware wird beim Menschen mit seiner Befruchtung angelegt. Bereits bei der Befruchtung sind alle Erbanlagen, wie Haarfarbe, Augenfarbe usw. in der DNS vorgegeben. Nennen wir es einfach die Grundausstattung.

Schritt 2: Betriebssystem

Betriebssysteme wie Windows und Mac OS dienen beim Computer als Arbeitsoberfläche und sind die Basis für das weitere Arbeiten mit dem Computer. Der vergleichbar nächste Schritt beim Menschen ist die Zeit des Heranwachsens im Mutterleib. Bereits hier erfolgen die ersten »Nachprogrammierungen«. Wenn Sie sich vorstellen, dass es in diesem Programm immer nur zwei Pole gibt, dann empfindet das Ungeborene die Freude der Mutter als Plus, aber Angst und Ärger der Mutter als Minus.

Schritt 3: Anwendungsprogramm

Ein Anwenderprogramm, wie Word, PowerPoint oder Excel, verhilft dem Computer zum Leben. Mit diesen Programmen können einzelne Dateien erstellt und abgelegt werden. Ähnlich ist es beim Menschen. Sobald wir geboren werden, wird unsere Programmierungsmöglichkeit um fünf Sinne erweitert: sehen, hören, fühlen, riechen und schmecken (auch wenn die Ausdifferenzierung erst noch erfolgt). Jetzt machen wir Erfahrungen und speichern diese unbewusst ab. Da jede Erfahrung von uns vorab bewertet wird, landen die Erfahrungen entweder im Plus, also als positive Erfahrung, oder im Minus als negative Erfahrung. Die Chance, die sich aus diesen Erkenntnissen ableiten lässt, kann mit dem Begriff Re-Stimulans umschrieben werden:

Wir nehmen über die Sinne etwas wahr und unser »Gehirn-Computer« macht einen Abgleich mit den uns nicht bewussten »Dateien«. Wenn etwas Ähnliches bereits abgespeichert ist, wird es zurück auf den »Bildschirm« geholt, dem Pendant unseres Bewusstseins.

Ein kleines Gedankenexperiment veranschaulicht dies:

1. Beispiel: Stellen Sie sich eine exotische Frucht vor. Sie sehen Sie zum ersten Mal. Sie ist lila, hat eine Sternform und lauter kleine grüne Noppen auf der Oberfläche. Überlegen Sie, was Sie fühlen. Wahrscheinlich nichts, da Ihnen die Frucht nicht bekannt ist. Eventuell erweckt die Frucht Ihr Interesse, aber ein vergleichbares Gefühl wird sich nicht einstellen. Beim Computer wäre dies ähnlich, er würde nach einer Datei suchen, sie aber nicht finden und somit nichts auf dem Bildschirm anzeigen.

2. Beispiel: Diesmal stellen Sie sich bitte eine Zitrone vor. Stellen Sie sich weiter vor, Sie schneiden die Zitrone in acht kleine Segmente. Beim Schneiden läuft der saure Zitronensaft über den Teller. Nun nehmen Sie in Gedanken Stück für Stück dieser gelbgrünen Zitrone und beißen in das saftige Fleisch. Was fühlen bzw. schmecken Sie jetzt? Den meisten wird sich der Mund zusammenziehen.

3. Beispiel: Bevor Sie weiterlesen, gehen Sie bitte an Ihren CD-Player und holen eine Ihrer Lieblings-CDs. Lauschen Sie in gemütlicher Atmosphäre dieser Musik. Werden Erinnerungen wach, sehen Sie Bilder oder stellen sich vielleicht Gefühle von früher wieder ein? Möglicherweise haben Sie noch einen passenden Duft in der Nase oder einen Geschmack auf der Zunge.

All diese Vorgänge liefen bei Ihnen unbewusst ab. Das erste Beispiel soll uns nicht weiter interessieren, da wir dafür keine unbewusste Vergleichsmöglichkeit hatten. Lassen Sie uns das zweite und dritte Beispiel anschauen. Was unterscheidet diese Beispiele? Man könnte sagen, dass die Zitrone sauer und die Musik süß erschien, aber dieser Unterschied allein ist nicht gemeint.

Beim Hören der Musik wurden Sie über das Ohr stimuliert. Die Musik war real. Aufgrund der Musik wurden in Ihnen Bilder abgerufen und Gefühle ausgelöst. Wie war es dagegen bei der Zitrone? Sie war *nicht* real vorhanden – vielmehr ist die Wirkung alleine durch die Vorstellung bei Ihnen entstanden. Obwohl die Zitrone nicht real war, verzogen Sie dennoch das Gesicht. Eine unwillkürliche körperliche Reaktion, die nur entstand, weil Sie an eine Zitrone

dachten! Welche Erkenntnisse kann man daraus ziehen?

Unser Unbewusstes kann nicht unterscheiden zwischen Wirklichkeit und unserer Vorstellung. Es reagiert in jedem Fall, als wäre es Realität.

5.1　Gedanken sind Aufträge an das Unbewusste

Die Macht der Gedanken ist nichts Neues. 1890 war es der Pionier Patrice Mulford, der in einem seiner Werke feststellte, dass unsere Gedanken unser Schicksal werden können. Im vergangenen Jahrhundert war der Wissenschaftler Dr. Joseph Murphy einer der größten Verfechter des positiven Denkens. Zur gleichen Zeit schrieb der deutsche Philosoph Dr. Hans Enders: »Verbinde nie ein negatives Wort mit den Worten ‚Ich bin..‘«.

Wenn also die subkortikalen Strukturen unseres Gehirns (die das Verborgene speichern) nicht zwischen Realität und Gedanken unterscheiden können, dann ist es wichtig, dass wir unser Gehirn mit positiven Gedanken füttern, die mit einem »Plus« versehen gespeichert werden.

Gedanken sind sowohl Ausdruck als auch neue Quelle des Unbewussten. Seien Sie daher Auftraggeber und Steuermann Ihrer Gedanken und Gefühle: Versuchen Sie positiv zu denken, ohne die Welt durch eine rosarote Brille zu betrachten. Positives Denken bedeutet aus unserer Sicht nicht, Probleme zu verneinen, sondern an die Lösung der Probleme zu glauben. Positives Denken hilft uns, Handlungen voranzutreiben und Resignation zu vermeiden.

Wie jedoch schaffen wir es, nicht zu resignieren? Leider wissen wir nicht, wie viele Minus- und Pluspunkte bereits unbewusst in unserem Gehirn gespeichert sind. Im Gegensatz zur Festplatte können wir unser Gehirn nicht einfach löschen. Wir sollten so viele Pluspunkte wie möglich abspeichern. Allerdings haben die meisten Menschen im Laufe ihres Lebens einen Überhang an Minus-

Erlebnissen gesammelt. Wenn wir zulassen, dass unser Handeln und auch unsere Kommunikation mit Patienten und Mitarbeitern von negativen Erfahrungen geprägt wird, liegt die Gefahr der Resignation nahe. Um einen Überhang an positiven Gedanken zu bekommen, muss man sich sukzessive Pluspolaritäten aneignen. Besonders erfolgreiche Menschen machen dies, indem sie sich in jeder Situation überlegen: »Wozu könnte das gut gewesen sein?« oder: »Was soll ich daraus lernen?« Selbst das misslungene Gespräch mit einem unangenehmen Gesprächspartner dient dann immer noch als »Lernchance«.

5.2 Unser Zustand bestimmt unser Verhalten

Den eigenen Zustand zu steuern ist der Schlüssel für den Kommunikationserfolg. Wer zusätzlich den Zustand und die Befindlichkeit anderer Menschen zu ändern in der Lage ist, hält auch den zweiten Schlüssel des Erfolgs in der Hand.

Die Wichtigkeit dessen und die Hintergründe möchten wir Ihnen im Folgenden darlegen.

Es gibt Tage, da scheint alles zu gelingen. An anderen Tagen klappt dagegen nichts. An einem Tag können wir geduldig mit unseren Mitarbeitern besprechen, wo die Ursache für einen Fehler lag. An anderen Tagen ärgern wir uns dermaßen, dass wir vorwurfsvoll eine Erklärung verlangen. Warum gibt es diese Unterschiede, obgleich unsere Ressourcen dieselben geblieben sind? Womit hängen diese unterschiedlichen Reaktionen zusammen? An unseren erlernten Fähigkeiten, die wir bereits erfolgreich eingesetzt haben, kann es nicht liegen.

Es gibt (Gefühls-) Zustände und Befindlichkeiten, die uns beflügeln, z. B. Erfolg, Freude, Begeisterung, Liebe, Vertrauen, Sicherheit. Es gibt dagegen Zustände, die uns lähmen, etwa Frust, Angst, Trauer, Unsicherheit und Ärger.

Mitarbeiter, die sich in einem Zustand der Angst befinden, weil sie z. B. Angst um ihren Arbeitsplatz haben, verfügen über weniger Energie und Kraft, sich auf die Erreichung ihrer Ziele zu konzentrieren. Dadurch fällt die Leistung noch mehr ab und der Arbeitsplatz ist gefährdeter denn je. Sie befinden sich in einer Negativspirale. Ursache für diesen circulus vitiosus ist jedoch der *Zustand* der »Arbeitsplatz-Angst«. Diese Angst kann begründet oder unbegründet sein. Für das Leistungsniveau ist das zunächst unerheblich, da für den betreffenden Menschen die Angst real ist.

Es ist sinnlos, diese Ängste zu negieren. Es geht vielmehr um die Wiederherstellung der Handlungsfähigkeit.

Wir haben in vielen Firmen, Praxen und Kliniken gearbeitet, in denen Stellen abgebaut wurden. Wenn ein Unternehmen etwa plante, 5% der Stellen abzubauen, hatten schlagartig mindestens 50% der Beschäftigen Angst um ihren Arbeitsplatz. Die Bedeutung dieser Zahl für die Produktivität liegt auf der Hand. Als Arzt mit Führungs- und Mitarbeiterverantwortung ist es Ihre Aufgabe, sich dessen bewusst zu sein und Ihr Praxisteam in »fördernde Zustände« zu versetzen.

Der Schlüssel für den richtigen Umgang mit uns selbst und anderen liegt – wie bereits erwähnt – in unseren eigenen Gedanken. Diese Gedanken sind abhängig von den gewonnenen Erkenntnissen, gespeicherten Erinnerungen und vor allen von den Bewertungen, die wir ihnen zuschreiben.

Wodurch entstehen diese besagten Zustände und was bewirken sie?

Einerseits entstehen sie durch die innere Kommunikation und andererseits durch den Körperzustand, wie z. B. Haltung, Atmung und Muskelspannung.

Stellen Sie sich vor, Ihr Partner kommt viel später als geplant nach Hause. Sie wurden in der Kindheit geprägt, es könne etwas Schreckliches passiert sein. Sie befinden sich somit in einem Zustand der Besorgnis. Dieser Zustand wird Ihr Verhalten bestimmen. Sie werden nervös, spielen mit dem Gedanken, Polizei und Krankenhäuser anzurufen, können sich nicht mehr auf Ihre augenblickliche Handlung konzentrieren. Dann endlich – Ihr Partner kommt nach Hause. Sie sind erleichtert. Ihr Verhalten ist dementsprechend gelöst, die Anspannung verschwindet aus Ihrem Körper und ein Gefühl der Wiedersehensfreude breitet sich aus.

Nehmen wir jetzt die gleiche Ausgangssituation: Ihr Partner kommt später nach Hause. Sie allerdings haben früher mitbekommen, dass man misstrauisch sein muss, wenn jemand unentschuldigt später kommt. Es könnte ja sein, dass man betrogen wird. Sie befinden sich in einem Zustand des Misstrauens. Nun sieht Ihr Verhalten anders aus. Sie ärgern sich, Sie überlegen sich, was Sie nach der Rückkehr sagen werden, um die Wahrheit zu erfahren. Dann endlich, Ihr Partner kommt nach Hause. Ihr Zustand ist nach wie vor angespannt. Sie möchten sich jedoch nichts anmerken lassen und fragen: »Na, wo kommst du denn her?« Aber Ihr Partner hört sofort den angespannten Unterton heraus. Ihr Zustand ist immer noch von Misstrauen geprägt und dieser Zustand steuert Ihr Verhalten.

Dies geschieht durch Ihre innere Kommunikation. Alles, was Sie dachten, hatte auf Ihren Zustand eine bestimmte Wirkung.

Unter »innerer Kommunikation« verstehen wir die inneren Dialoge, die wir aufgrund abgerufener Bilder und Erfahrungen führen. Diese Bilder und Worte wirken auf physiologische Vorgänge wie Atmung, gesteigerte Adrenalinausschüttung. Dies wiederum beeinflusst unser Verhalten.

Unser innerer Zustand ist verantwortlich dafür, wie wir uns nach außen verhalten.

Andererseits erzeugen unsere Körperhaltung und unsere körperliche Befindlichkeit in uns positive oder negative Bilder und Worte.

Stellen Sie sich vor, Sie sind körperlich verkrampft, Sie sind müde, Ihr Körper schmerzt, vielleicht ist Ihr Blutzuckerspiegel zu niedrig und Sie sollen nun ein wichtiges Mitarbeitergespräch führen. Wie wird dieses Gespräch verlaufen, wie wird Ihr Verhalten sein?

Zustände entstehen nicht plötzlich, sondern sind Modelle und Programme, die über die Jahre unbewusst abgespeichert wurden. Modelle, die wir von unseren Mitmenschen übernommen haben, Programme, die wir durch das Lesen von Büchern oder das Betrachten von Filmen in uns unbewusst angelegt haben.

Was können Sie tun, um sich innerhalb von Sekunden in fördernde Zustände zu bringen? Zunächst einmal machen Sie sich bewusst, dass nicht die Umstände für Ihren momentanen Zustand verantwortlich sind, sondern Sie selbst. Wenn Sie selbst die Verantwortung für Ihren Zustand übernehmen (und nicht mehr das schlechte Wetter oder den Stau auf der Autobahn dafür verantwortlich machen), dann haben Sie auch die Macht, etwas zu ändern. Dies ist der wichtigste Schritt.

Wenn Sie diese Vorraussetzung für sich akzeptiert haben, ist der schnellste Weg, aus einem schlechten Zustand herauszukommen, die Körperhaltung zu verändern. Strecken Sie sich! Atmen Sie tief durch! Setzen oder stellen Sie sich gerade hin und blicken Sie gerade aus! Sie werden feststellen: In aufrechter Haltung ist es schwer, im Zustand der schlechten Laune zu verbleiben. Dies ist zwar der schnellste Weg, doch leider hält der Zustand nur so lange an, wie Sie ihn bewusst halten.

Nachhaltig wirkungsvoll können Sie Ihren Zustand verändern, indem Sie Ihren Fokus und Ihre Bewertungen der Ereignisse ändern.

Konzentrieren Sie sich auf das, was Sie wollen – und nicht darauf, was Sie nicht wollen.

Schaffen Sie sich Bilder und Worte von Dingen und Eigenschaften, die Sie haben möchten. Richten Sie Ihren Fokus auf die Möglichkeiten und auf die Lösungen, nicht auf die Schwierigkeiten:

- Welche positiven Aspekte hat das Problem?
- Welche Chancen tun sich aufgrund des Problems auf einmal auf, die vorher nicht da waren?

- Was lernen Sie aus dieser Situation?
- Wie können Sie aus der Situation einen positiven Nutzen ziehen?

Wenn das alles auf ihre konkrete Situation nicht zutrifft, fragen Sie sich bitte Folgendes: Ändert sich eigentlich etwas (z. B. an dem Stau), wenn Sie sich jetzt darüber ärgern? Geht es Ihnen dadurch besser? Sind Sie dadurch motivierter? Werden Sie dadurch besser mit Ihren Patienten und Mitarbeitern kommunizieren? Wenn Sie keine der Fragen mit einem »Ja« beantwortet haben, dann hören Sie am besten auf, sich über etwas zu ärgern, das Sie nur in Ihrem hinderlichen Zustand gefangen hält.

Erfolgreiche Führungskräfte, Ärzte oder gerade Eltern verfügen oft über die Fähigkeit, Ereignisse so darzustellen, dass diese in scheinbar hoffnungslosen Situationen dennoch positive Signale ausstrahlen. Sie bringen sich und andere immer wieder in einen positiven Zustand und arbeiten so lange an einer Situation, bis sie schließlich zum gewünschten Ziel gelangen.

Auch bei unseren Patienten und Mitarbeitern wird das Verhalten durch ihren Zustand gesteuert. Häufig möchten wir das Verhalten unserer Mitmenschen ändern, doch das ist unmöglich. Dies kann nur jeder für sich selbst tun.

Wir können unser Gegenüber lediglich in einen besseren Zustand versetzen, der ihn veranlasst, sein Verhalten zu ändern.

Ich kann das Patientenverhalten nicht ändern, aber ich kann meinen Patienten über seine innere Kommunikation, über Bilder und Worte, die er für sich wählt oder die ich bei ihm erzeuge, in seinem Zustand beeinflussen und somit auch auf seine Entscheidungen einwirken. Wenn Sie bei anderen einen angenehmen Zustand hervorrufen wollen, sollten Sie in der Lage sein, bei sich selbst einen gewünschten Zustand erzeugen zu können. Wie Sie das erreichen, erfahren Sie jetzt.

5.3   Die Perspektive wechseln

Wir fragen gelegentlich die Teilnehmer unserer Kurse nach ihrer Meinung, ob sie Regen für gut oder schlecht erachten. Beide Positionen sind erwartungsgemäß bei den Teilnehmern vorhanden. Manche können sich nicht entscheiden, einige finden, dass es situationsabhängig ist – und alle haben sie Recht. Denn so wie ein Sonnenanbeter von einem Regen enttäuscht ist, kann es sein, dass 50 Meter weiter ein Bauer die Hände zum Himmel hebt und Gott dankt, dass es regnet. Es kommt also immer auf die Position an, von der aus ich etwas betrachte.

Viele von Ihnen kennen bestimmt den populären Vergleich mit dem Wasserglas, welches bis zur Mitte gefüllt ist. Einige Mitmenschen behaupten, das Glas sei noch halb voll, andere dagegen finden, das Glas sei bereits halb leer.

Die reale Welt ist komplexer und besteht nicht nur aus zwei Betrachtungsalternativen. Deshalb sollten Sie mehrere Möglichkeiten in Betracht ziehen und beispielsweise ergänzend eine dritte Perspektive erwägen. Dieser Weg vermeidet die Festlegung auf diametral entgegengesetzte Alternativen, die häufig als Sackgasse enden.

Bewerten auch Sie Ihr Handeln nicht nur simpel mit gut oder schlecht, sondern geben Sie den jeweiligen Ereignissen unterschiedliche Bewertungen. Suchen Sie immer nach verschiedenen Möglichkeiten, um einen »positiven« Zustand zu erreichen.

Welche Möglichkeiten haben Sie, wenn Ihnen das nicht gelingt? Was können Sie tun, wenn Ihre innere Kommunikation, also Ihre inneren Bilder und Dialoge, immer wieder negativ abgleiten?

Wir haben Ihnen bereits geraten, den Begriff »Misserfolg« aus Ihrem Vokabular zu streichen und ihn durch den Begriff »Ergebnis« zu ersetzen. Das Misserfolgsdenken hat negative Vorstellungen zur Folge, erzeugt somit einen unangenehmen Zustand, der sich wiederum direkt auf das Verhalten auswirkt. Wie Sie diese Ergebnisse werten und welche Schlussfolgerungen

Sie daraus ziehen, ist einzig und allein von Ihrer subjektiven Wahrnehmung abhängig.

Wenn ein Patient eine empfohlene Behandlung ablehnt, würden Sie von einem Misserfolg sprechen. Wir behaupten, diese Einstellung ist falsch. Vielleicht haben Sie genau aus dieser Situation etwas gelernt, etwas Ihnen bisher nicht Geläufiges erkannt. Vielleicht bietet Ihnen diese Situation die Chance, Ihr Verhalten zu überdenken und zu ändern. Die Situation ist also lediglich ein Ergebnis, entscheidend aber ist, wie Sie die Bewertung vornehmen.

Wenn Sie etwas negativ betrachten, fragen Sie sich stets nach den für Sie positiven Aspekten.

Beispielsweise kommt ein Patient kurz vor Feierabend mit der Bitte um sofortige Behandlung in die Praxis. Wenn Sie sich ärgern und Ihren Plan für den Feierabend wie ein Kartenhaus zusammenfallen sehen, dann wird sich all das negativ auf Ihren Zustand und Ihr Verhalten auswirken. Wenn Sie sich Ihrem Patienten gegenüber professionell verhalten wollen, müssen Sie sich ein positives Bild aus dieser Situation schaffen.

Allein durch das Ändern Ihrer Gedanken werden Sie sich in einem besseren Zustand befinden, wodurch sich Ihr Verhalten dem Patienten gegenüber offen und freundlich gestaltet. Entscheidend ist, dass es ausschließlich an Ihnen liegt, ob Sie diesem späten Besuch einen positiven oder einen negativen Aspekt abgewinnen.

Natürlich können Sie sich ärgern, dass Sie nun Zeit für die Behandlung investieren müssen, die Sie eigentlich für andere Dinge verwenden wollten. An der Situation ändert sich nichts. Versuchen Sie, der Situation etwas Positives abzugewinnen. Sie könnten sich beispielsweise sagen: »Heute habe ich meinem Patienten einen guten Überblick über alle Behandlungsmöglichkeiten gegeben. Sicher ist er zufrieden und fühlt sich gut betreut. Eine Patientenbeziehung erstreckt sich schließlich über einen langen Zeitraum.« Wenn Sie die Situation auf diese Weise betrachten, werden Sie nicht schlecht gelaunt und innerlich

blockiert sein, sondern offen und ausgeglichen. Der verspätete Feierabend beginnt nicht gleich mit einer Missstimmung.

Eine Anekdote erzählt von dem Verkäufer, dessen verhängnisvoller Fehler die Bank ca. eine Million Mark gekostet hat. Als er in das Büro des Geschäftsführers gerufen wurde, sagte der Angestellte: »Ich gehe davon aus, dass Sie jetzt meine Kündigung erwarten.« Doch der Geschäftsführer sah ihn an und sagte: »Sie scherzen wohl? Wieso Kündigung, wo wir gerade eine Million für Ihre Ausbildung ausgegeben haben.« Sich diese Einstellung zu erarbeiten ist natürlich nicht leicht.

Für jedes Verhalten, das uns stört, und für jede Einstellung, die uns hindert, gibt es die Möglichkeit, diese wirkungsvoll umzudeuten und die Perspektive zu ändern.

5.4   Probleme in Chancen umwandeln

Wie gerade beschrieben, ist es Ihre eigene Entscheidung, ob Sie die Welt positiv oder negativ beurteilen. Ein Pessimist sieht bei jeder Gelegenheit eine Schwierigkeit, ein Optimist sieht bei jeder Schwierigkeit eine Gelegenheit. Was kann man tun, wenn die eigene Deutung der Ereignisse negativ ausfällt? Wie ist dies zu ändern? In unseren Trainings führen wir oft folgende Übung in vier Schritten durch, die wir Ihnen für eine solche Situation gerne empfehlen möchten:

1. Notieren Sie in Ihrem persönlichen Strategieheft Ihre Probleme. Schreiben Sie alles, was Sie belastet, in Stichworten auf. Verlagern Sie Ihre Gedanken quasi aus dem Kopf auf das Papier und machen Sie Ihren Kopf frei.

2. Formulieren Sie nun jedes Problem in einem Satz und strukturieren Sie diese dadurch. Sie werden feststellen, dass sich ein Problem bereits dadurch verändert, dass Sie es aussprechen und aufschreiben. Es erscheint dann bereits etwas geringer ausgeprägt.

3. Stellen Sie sich nun vor, ein Freund käme mit einem dieser Probleme zu Ihnen. Überlegen Sie, welche Lösungsmöglichkeiten es geben könnte. Bei Freunden und Bekannten sind wir schnell mit Lösungsvarianten zur Hand, wenn wir um Hilfe gebeten werden. Eigene Probleme dagegen beschäftigen uns häufig so stark, dass wir blockiert sind und nicht über Lösungen nachdenken können. Notieren Sie Ihre entsprechenden Lösungsansätze.
4. Beginnen Sie sofort mit der Umsetzung bzw. der Teilumsetzung.

◘ Abb. 5.1 zeigt die Vorgehensweise im Überblick:

Wir möchten die vier Schritte, wie Sie Ihre Gedanken von einer Problemsituation in eine lösungsorientierte Ausrichtung bringen können, an einem Beispiel verdeutlichen:

Zu Schritt 1: Probleme notieren:
- Mehr Freude an der Arbeit.
- Unsicherheit im Patientengespräch.
- Größerer Beitrag zum Praxiserfolg.
- Stress mit einer Mitarbeiterin des Praxisteams.

Zu Schritt 2: Formulieren des Problems:
- Ich möchte morgens froh zur Arbeit gehen und mich abends entspannt auf den Heimweg machen.
- Ich weiß nicht, wie ich unfreundliche Patienten ansprechen soll.
- Ich möchte dafür sorgen, dass wir viele zufriedene Patienten haben.
- Ich bin oft verärgert, weil ich mit der neuen Mitarbeiterin nicht klarkomme.

Zu Schritt 3: Umformulieren der Problemsätze in lösungsorientierte Sätze
- Ich werde mich morgens 10 Minuten früher auf den Weg in die Praxis machen, um nicht mehr so hetzen zu müssen. Während ich konzentriert arbeite, achte ich auch auf meine

◘ **Abb. 5.1.** Probleme in Chancen umwandeln

Bedürfnisse und tue mir gelegentlich einen Gefallen, ohne den Praxisablauf zu behindern. Jeden Tag lasse ich mir einen kleinen Wunsch einfallen, den ich mir nach Feierabend als Belohnung für meinen Fleiß erfülle.
- Ich werde mich wohl fühlen, auch wenn ich es mit unfreundlichen Patienten zu tun habe. Es gibt keinen Grund, mich von ihrer schlechten Laune anstecken zu lassen. Ich werde die Mitarbeiterin offen fragen, ob sie über etwas Konkretes verärgert ist und ob ich zu ihrer Stimmungsaufhellung beitragen kann. Dabei werde ich sie anlächeln und ihnen zeigen, wie viel angenehmer es ist, seinem Gesprächspartner nett und freundlich zu begegnen.
- Ich werde offen sein für Patientenwünsche und Fragen nach besonderen Behandlungsmethoden. Ich werde den Patienten auf diese Dinge hinweisen, seine Neugierde wecken und dafür sorgen, dass er weiß, was wir für ihn tun können. Ich werde jedem Patienten etwas mehr Aufmerksamkeit entgegenbringen.
- Ich werde das Verhalten der Mitarbeiterin beobachten und versuchen, eine positive Absicht darin zu entdecken. Will sie so vielleicht ihre Unsicherheit überspielen oder mir zeigen, dass sie sich in dem Praxisteam nicht

wohl fühlt? Ich werde ihr zudem auf nette, aber bestimmte Art meine Meinung zu ihrem Verhalten mitteilen und Sie auffordern, mit mir gemeinsam nach Lösungsmöglichkeiten zu suchen.

Zu Schritt 4: Umsetzung

- Überlegen Sie sich nun, welche Teilschritte notwendig sind, um Ihre Ideen umzusetzen. Formulieren Sie zu den Teilzielen konkrete Umsetzungsmaßnahmen, erstellen Sie einen Zeitplan und tragen Sie die Maßnahmen in Ihren Kalender ein, um sie nacheinander zu realisieren.

> **✍ Nehmen Sie sich Zeit zum Nachdenken**
>
> Nehmen Sie Ihr persönliches Strategieheft zur Hand und notieren Sie alles, was Sie hemmt und belastet. Schreiben Sie sich den Kopf frei, indem Sie alle Probleme niederschreiben. Gehen Sie die vier Schritte nacheinander durch.
> Sie werden feststellen, wie angenehm es ist, sich mit möglichen Lösungen zu beschäftigen. Die Effizienz dieser einfachen Technik liegt in der Beschäftigung mit positiven Gedanken. Wenn wir uns mögliche Lösungen vorstellen, entstehen innere Bilder bzw. ein innerer Dialog über angestrebte Möglichkeiten. Sie beschäftigen sich mit dem, was Sie erreichen wollen und nicht mit dem, was Ihnen missfällt.

5.5 Veränderungsprozesse in sechs Schritten steuern

Wer an seiner Einstellung arbeiten und seine Kommunikationskompetenz steigern möchte, wer bereit ist, dafür seine Überzeugungssätze zu hinterfragen und zu verändern und wer sich und andere Menschen in einen Zustand versetzen will, der die Kommunikation erleichtert, muss mit hoher Wahrscheinlichkeit einige gravierende Verhaltensänderungen vornehmen. Wir wissen um die Schwierigkeit, Veränderungen herbeizuführen, die eingefahrenen Gleise zu verlassen und Neuland zu betreten. Wenig innovativ und kreativ sind die Begründungen, warum eine Veränderung scheitern müsse und man deshalb lieber die Finger davon lassen solle: »Das haben wir schon immer so gemacht«, »Das klappt doch nie« und »Veränderung ja – aber bitte nicht bei mir«.

Veränderungen benötigen Zeit und sind zunächst unbequem. Gehen Sie in kleinen Schritten vor, dafür aber in regelmäßigen, kurzen Abständen – am besten täglich. Veränderung bedeutet ein kontinuierliches Arbeiten an sich selbst.

Nur wenn wir uns *anders verhalten*, bekommen wir auch andere Ergebnisse. Wenn wir stagnieren, werden die erzielten Ergebnisse unverändert bleiben.

Die nachfolgenden Schritte auf der sechsstufigen »Veränderungstreppe« (◘ Abb. 5.2) zeigen Ihnen auf, wie Sie Verhalten bei sich und anderen nachhaltig verändern können.

Schritt 1: Treffen Sie Entscheidungen!

Die 1. Stufe umfasst den schwersten und wichtigsten Schritt. Fixieren Sie das Ziel, das Sie erreichen wollen. In welchem Bereich möchten Sie etwas verändern? Wie soll die Veränderung aussehen? Prüfen Sie genau, was Ihr konkretes Ziel ist.

Zum Beispiel: Wie wollen sie Ihre Kommunikationskompetenz verbessern? Was wollen Sie tun, um Ihre Überzeugungssätze zu verändern? Wie können Sie Ihr Beziehungsmanagement und Ihr Zustandsmanagement optimieren? Nehmen Sie sich Zeit für eine genaue Analyse. Überprüfen Sie Ihr Ziel anhand folgender Fragen:

1. Ist es genau das, was ich erreichen möchte?
2. Warum will ich es?
3. Will ich es wirklich?
4. Warum ist es für mich so wichtig?

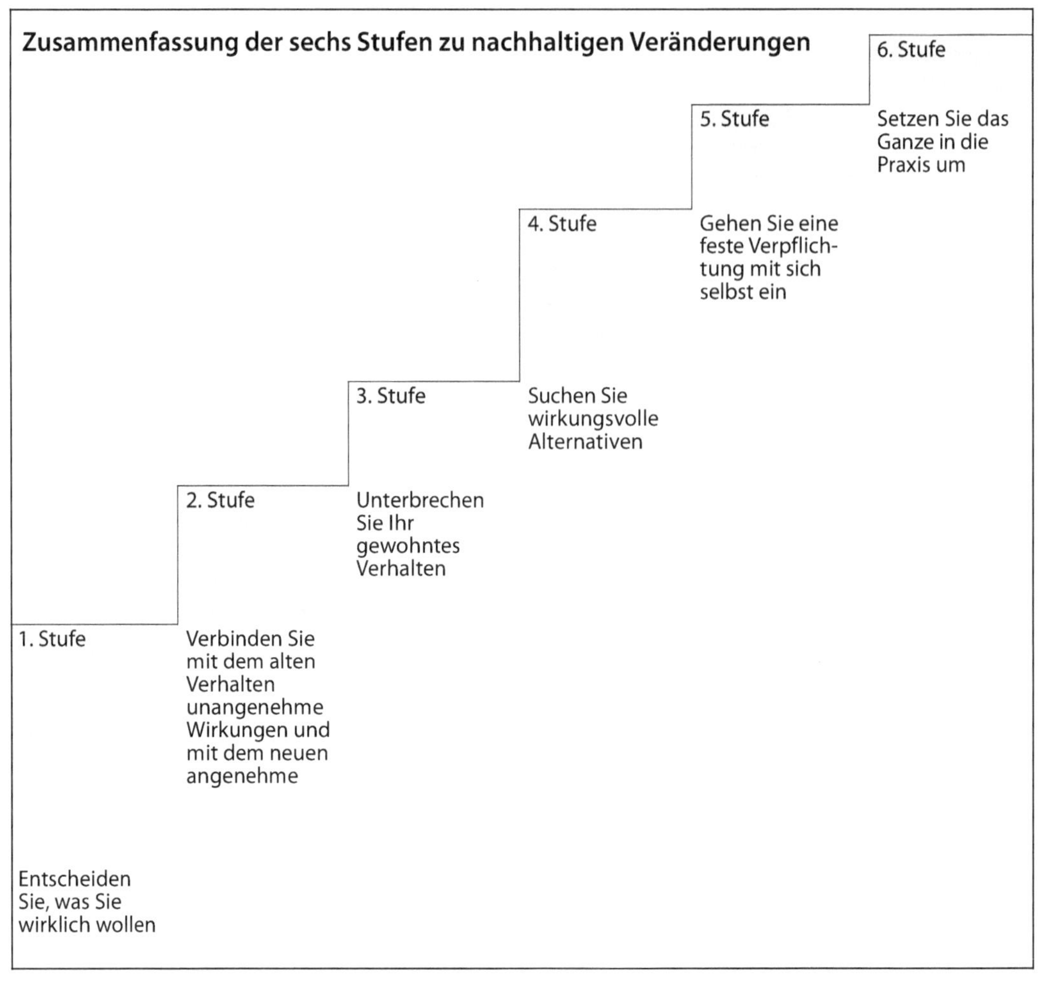

◘ Abb. 5.2. Sechs Stufen zu nachhaltigen Veränderungen

Schritt 2: Neues Verhalten – angenehme Auswirkungen

Nachdem Sie Ihr Ziel fixiert haben, nehmen Sie die 2. Stufe in Angriff. Auf dieser Stufe verbinden Sie unerträgliche Nachteile mit Ihrem alten Verhalten (das Sie ändern wollen) und unglaubliche Vorteile mit Ihrem neuen Verhalten. Betrachten Sie Ihr fixiertes Ziel. Stellen Sie sich vor, was geschieht, wenn Sie es nicht anstreben. Denken Sie beispielsweise darüber nach was passiert, wenn Sie Ihre Kommunikationskompetenz nicht verbessern und Ihre Patienten- und Mitarbeitergespräche weiterhin so ablaufen wie bisher. Stellen Sie sich vor, wie furchtbar es sein wird, wenn Sie Ihr Verhalten nicht ändern. Je schrecklicher Sie sich dieses Bild ausmalen, umso motivierter werden Sie die Veränderung vornehmen.

Nachdem Sie sich dies vorgestellt haben, verändern Sie nun Ihre Perspektive. Stellen Sie sich jetzt vor, wie Sie Ihr neues, gewünschtes Verhalten annehmen. Malen Sie sich die unglaublichsten Vorteile aus. Womöglich verhilft es Ihnen zu mehr Geld und Anerkennung, zum Aufstieg oder zur Festigung Ihrer Position! Eventuell avancieren Sie zum anerkannten Kommunikationsexperten oder Sie werden einfach zufriedener. Fasziniert Sie dieses Ziel ausreichend?

Überprüfen Sie jetzt eventuelle negative Auswirkungen nach erfolgter Umsetzung und akzeptieren Sie diese.

Wir sprechen zwar davon, was wir ändern könnten und sollten, erachten es aber nicht als zwingend. Viele Menschen werden Dinge nur dann sofort ändern, wenn sie sich zum Handeln gezwungen sehen. Das Problem besteht nicht darin, ob Sie sich ändern können, sondern ob Sie sich wirklich ändern wollen. Es ist eine Frage der Motivation. Sammeln Sie daher genügend überzeugende Gründe für die Veränderung und es wird Ihnen möglich sein, Ihr Verhalten *sofort* zu ändern. Verknüpfen Sie gedanklich mehr Nachteile damit, in alten Verhaltensmustern zu verharren. Entscheidend ist nicht der Aufwand, den Ihre Änderung zwangsläufig nach sich zieht, sondern die Auswirkungen, wenn Sie sich nicht ändern.

Schritt 3: Nehmen Sie Abstand von alten Verhaltensweisen!

Beschäftigen Sie sich auf der 3. Stufe mit der Unterbrechung Ihrer gewohnten Verhaltensmuster: Im Verlauf unseres Lebens haben wir uns, beruflich wie privat, eine Vielzahl bestimmter Verhaltensmuster angeeignet. Vielen Menschen ist nicht bewusst, dass ihr Verharren in alten Mustern keine neuen Ergebnisse herbeiführen wird. Häufig ist Bequemlichkeit der Grund. Versuchen Sie, die bisher eingeschlagenen Pfade zu verlassen und neue Dinge zu wagen.

Schritt 4: Entwickeln Sie wirkungsvolle Alternativen!

Die 4. Stufe beschäftigt sich mit den Möglichkeiten, auf welche Art und Weise Sie sich ein neues Verhalten aneignen können. Vielleicht

haben Sie probiert, Ihr Verhalten zu ändern, doch es ist Ihnen nicht so recht gelungen. Dies prädestiniert geradezu zur Resignation, zumal es der bequemere Weg ist. Es gibt zwei Auswege aus dieser Sackgasse: Entweder Sie suchen sich einen erfolgreichen Menschen als Vorbild oder Sie knüpfen an eigene Erfolge in der Vergangenheit an, lassen die Bilder, Worte und Gefühle von damals innerlich noch einmal Revue passieren und fokussieren auf Ihre Stärken. Aktivieren Sie diese tief verwurzelten positiven Eigenschaften erneut. Suchen Sie nach Alternativen, um Ihr gewünschtes Verhalten zu erreichen und dies nachhaltig zu verankern. Bedenken Sie dabei, dass Sie derjenige sind, der die Entscheidung trifft.

Schritt 5: Stellen Sie die Veränderung dauerhaft sicher!

Wir rekapitulieren: Auf der 1. Stufe haben Sie Ihr Ziel klar fixiert. Auf der 2. Stufe haben Sie sich unerträgliche Nachteile vorgestellt, aber auch die faszinierenden Vorteile, die Sie durch eine Verhaltensänderung erreichen können. Auf Stufe 3 haben Sie gelernt, Ihr Verhaltensmuster zu unterbrechen und auf der 4. Stufe, wie Sie sich wirkungsvolle Alternativen zum Erreichen Ihres Zieles schaffen können.

Nun stellen Sie die Nachhaltigkeit Ihres neuen Verhaltens sicher. Es ist sinnbildlich notwendig, den angelegten Pfad durch ständiges Begehen (= Wiederholen) so zu ebnen, bis er zu einer Straße wird.

Ein Sportler stellt seinen Erfolg dadurch sicher, dass er regelmäßig trainiert, immer wieder denselben Ablauf probt, bis er ihn perfekt beherrscht. Dies gilt gleichfalls für Verhaltensänderungen. Wiederholen Sie das gewünschte Verhalten so oft wie möglich, und sei es nur in Gedanken, Bildern, Worten oder Gefühlen. Trainieren Sie andauernd und nachhaltig.

Eminent wichtig für eine dauerhafte Verhaltensänderung ist, dass Sie Ihr neues gewünschtes

Verhalten akzeptieren und immer wieder verstärken. Seien Sie stolz auf sich, wenn Sie früher frustrierende Aufgaben jetzt locker und spielerisch angehen und verstärken Sie Ihr neues Verhalten. Freuen Sie sich, dass Sie auf dem richtigen Weg sind. Für eine dauerhafte Veränderung ist es sinnvoll, sich einen ganz konkreten Plan zu erstellen. Legen Sie sich einen schriftlichen Tages- und Wochenplan an, in dem Sie Ihre entsprechenden Ziele zeitlich genau festlegen. Notieren Sie sich einige kurzfristige Ziele, deren Erfolg sich unmittelbar einstellt. Prüfen Sie regelmäßig, ob Sie Ihr Ziel erreicht haben und belohnen Sie sich dafür. Überlegen Sie vorher, welche Belohnung Sie motiviert und notieren Sie diese zusammen mit Ihren Zielen.

Schritt 6: Praktische Umsetzung

Lassen Sie uns nun die letzte Stufe des Veränderungsprozesses betreten. Prüfen Sie, was geschieht, wenn Sie Ihr neues Verhalten dauerhaft annehmen. Überlegen Sie nochmals, wie sich dieses neue Verhalten auf Ihre Praxis, Ihre Patienten, Ihre Mitarbeiter und Ihre Familie, möglicherweise auf Ihr Ansehen und Ihre Finanzen auswirken wird. Da Sie sich bereits einen Umsetzungsplan mit schriftlich fixierten Zielen erstellt haben, gehen Sie nochmals alle Stufen in Gedanken durch. Stimmen Sie sich mental darauf ein und beginnen Sie dann. Arbeiten Sie gezielt nach Ihrem Plan. Am Ende des Tages überprüfen Sie, welche von Ihren Zielen Sie tatsächlich erreicht haben. Beenden Sie Ihren Tag mit der Frage: »Was war heute gut?«

🖎 Nehmen Sie sich Zeit zum Nachdenken

Notieren Sie in Ihrem persönlichen Strategieheft, wie Sie eine Veränderung, die Sie demnächst in Ihrer Praxis verwirklichen wollen, mit Hilfe des sechsstufigen Veränderungsprozesses erreichen werden.

Meine wichtigsten Erkenntnisse:

So setze ich das Gelesene um:

Teil 3   Das Gespräch mit dem P

> »Am bittersten bereuen wir die Fehler, die wir am leichtesten
> vermieden hätten.«   Marie von Ebner-Eschenbach

Die Grundvoraussetzung jedes gelungenen Kommunikationsprozesses ist: Sie müssen Ihre Patienten mögen. Das fällt im hektischen Praxis- und Klinikalltag nicht immer leicht. Der US-amerikanische Herzspezialist und Nobelpreisträger Dr. Bernhard Lown beklagt, dass die Medizin in den USA »die Kunst des Heilens verloren« habe, mit dem Anamnesegespräch und der eingehenden körperlichen Untersuchung werde einfach mal »kurzer Prozess« gemacht, obwohl eine richtige Diagnose zu 75% von einem ausführlichen Gespräch mit dem Patienten abhängt (Lown 2004).

Viele niedergelassene Ärzte haben dieses Problem erkannt und suchen mittlerweile die Nähe zum Patienten und widmen ihm sehr viel Zeit und Aufmerksamkeit. Es ist Ihre Aufgabe, dem Patienten das Gefühl zu geben, dass Sie sich für ihn und seine Interessen in besonderem Maße einsetzen. Sie wollen sicher sein, dass Sie als Arzt die richtige Entscheidung treffen werden.

Patienten entscheiden sich für die von Ihnen vorgeschlagene Behandlung, wenn sie Ihnen glauben und sich sicher bei Ihnen fühlen.

Deshalb ist Ihre Fähigkeit gefragt, im Patientengespräch ein Gefühl der Geborgenheit und Sicherheit für den Patienten zu vermitteln.

Stewart konnte den Zusammenhang zwischen Patientenzufriedenheit und Kommunikation anhand der Beschwerden über Ärzte aufzeigen, die ihre Ursache meist in Kommunikationsproblemen haben.

Hauptgründe für Klagen gegen Ärzte in den USA sind:

1. Unzureichende Aufklärung von Patienten
2. Patienten fühlen sich ignoriert, nicht genügend wertgeschätzt, zu schnell abgefertigt
3. Patienten fühlen sich unverstanden

Dagegen sind Kennzeichen eines erfolgreichen Kommunikationsstils:

1. Längerer Kontakte mit dem Patienten
2. Orientierende, erklärende Aussagen
3. Humor
4. Patienten zu eigenen Aussagen und Stellungnahmen ermuntern

Dr. Götz Fabry von der Abteilung für Medizinische Psychologie der Albert-Ludwigs-Universität Freiburg hat in einer Vorlesung am 19.12.2005 zum Thema: »Kommunikation im ärztlichen Alltag« die besondere Bedeutung der Kommunikation zwischen Arzt und Patient am Beispiel der »Anamnese« herausgestellt.

Gesprächsführungskompetenz sollte nach seiner Ansicht schon im Medizinstudium einen gewichtigen Teil einnehmen. Im Kontakt mit den Patienten ist nicht nur Fachwissen gefragt, sondern auch eine angenehme und effektive Gesprächsführung als Vorraussetzung, um sich zu einem akzeptierten und kompetenten Gesprächspartner für den Patienten zu entwickeln.

Das Anamnesegespräch mit dem Patienten birgt für den Arzt viele Gefahren für eine falsche Einschätzung des Krankheitsbildes. Fabry spricht hier von einer systematischen Verzerrung der Wahrnehmung aufgrund der eigenen Spezialisierung und führt folgendes Beispiel an:

Die Patientin ist 24 Jahre alt, war zuletzt vor 5 Jahren wegen einer Erkältung beim Arzt. Die sonst sehr lebendige und unternehmungslustige Frau klagt jetzt über seit etwa einem halben Jahr bestehende Motivations- und Lustlosigkeit, Müdigkeit und Appetitlosigkeit, dennoch habe sie in den letzten 3 Monaten etwa 5 kg an Gewicht zugenommen. Ihr Freund, mit dem sie über 2 Jahre zusammen war, hat sie vor einem Vierteljahr verlassen.

Arzt 1	Arzt 2	Arzt 3	Arzt 4
Sie hat eine Depression	Das ist bestimmt die Schilddrüse	Ist die Patientin schwanger?	Bloß ein wenig Liebeskummer

Diese Patientin schildert recht allgemeine Symptome, diese werden von Ärzten unterschiedlicher Fachrichtungen vollkommen anders interpretiert. Diese »déformation professionnelle« ist insofern problematisch, wenn sie dazu führt, dass bereits nach dem Anamnesegespräch vermutete Ursachen das weitere Vorgehen bestimmen.

Problemorientiertes Vorgehen wird bisher nicht ausreichend im Medizinstudium vermittelt. Durch die bisherige Aus- und Weiterbildung wird fachspezifisches Denken begünstigt.

Das Anamnesegespräch sollte in einem störungsfreien und diskreten Rahmen stattfinden. Im Krankenhausalltag ist dies nicht immer gegeben. Ebenso sind die Anrede des Patienten mit seinem Namen sowie die Vorstellung des Arztes mit Namen und Funktion nicht selbstverständlich. Speziell in Krankenhäusern passiert es, dass Patienten von mehreren Fachärzten befragt, untersucht und behandelt werden und leicht den Überblick verlieren können.

Die Rahmenbedingungen sollten mit dem Patienten abgesteckt werden, damit er eine klare Vorstellung davon hat, wie lange ein Gespräch geführt wird und welchem Zweck es dient. Man spricht auch von sog. »advance organiser«.

Der Rahmen ist abgesteckt, und das Gespräch kann nun beginnen.

Erfolgreiches Patientengespräch in sechs Phasen

»Es ist nicht wenig Zeit, die wir zur
Verfügung haben, sondern es ist viel Zeit,
die wir nicht nützen.«   Seneca

Prof. Maximilian Gottschlich, Professor am Institut für Publizistik- und Kommunikationswissenschaft der Universität Wien, hat in einem Vortrag: »Sprachloses Leid – die gestörte Beziehung zwischen Arzt und Patient« eine beunruhigende These formuliert: »Die Medizin der Zukunft wird eine kommunikative Medizin sein oder sie wird die Menschen verlieren, für die sie eigentlich da ist.«

Denn: »Heilen hängt seit je, durch die ganze Medizingeschichte hindurch, immer auch mit Kommunikation in den verschiedensten Formen und auf den unterschiedlichsten Ebenen zusammen, wie umgekehrt Kommunikation immer auch Auswirkungen auf den Heilungsprozess hat.« (Gottschlich 1998)

Diese These unterstützen folgende Zeitungsartikel:

Die brasilianische Tageszeitung *Folha de S. Paulo* schrieb unter der Überschrift: »Mit der Kommunikation zwischen Ärzten und Patienten hapert es« über Ergebnisse von Befragungen in der Notaufnahme einer Kinderstation eines Krankenhauses in São Paulo:

- 25% der Eltern verließen mit ihren Kindern das Sprechzimmer, ohne zu verstehen, was der Arzt diagnostiziert hatte.
- 24% konnten die unleserliche Handschrift auf dem Rezept nicht entziffern.
- 90% konnten sich nicht an den Namen des Arztes erinnern.

Die Ärzte würden übertrieben viele Fachwörter gebrauchen und aufgrund moderner medizinischer Tests nicht mehr so viele Fragen stellen wie früher.

In dem Bericht wurde auch auf einen weiteren Faktor hingewiesen, den eine Psychologin folgendermaßen beschrieb: »Viele Ärzte bauen einen ‚emotionalen Schutzschild‘ auf, um sich

gegen Schmerz, Leid, Furcht und Todesangst zu wappnen.«

Die *Times* aus London berichtete über eine Metaanalyse, die Forscher der britischen Universitäten York, Exeter und Leads zum Thema: »Umgang mit Kranken« durchgeführt haben. In insgesamt 25 Untersuchungen kamen sie zu dem Schluss:

»Die Ärzte, die sich um ein herzliches und
freundliches Verhältnis zu ihren Patienten
bemühten und ihnen versicherten, »es
werde ihnen bald besser gehen«, konnten
größere Heilerfolge verzeichnen, als Ärzte,
die unpersönlich und förmlich auftraten
und sich nicht deutlich äußerten.«

Zum gleichen Schluss kam auch eine in Schweden durchgeführte Studie. Patienten genesen schneller und waren zufriedener, wenn der behandelnde Arzt ihnen versicherte, es werde ihnen bald besser gehen, sie bat, Fragen zu stellen, und ihnen etwas mehr Zeit widmete.

Was vermag die aufeinander abgestimmte fachliche und kommunikative Kompetenz eines Arztes?

Wir möchten mit Ihnen jetzt nicht über Ihre medizinische Ausbildung – quasi ihr Rüstzeug – sprechen, sondern vielmehr über die Möglichkeiten, durch eine gezielt eingesetzte kommunikative Kompetenz ein Höchstmaß an Vertrauen, Therapietreue und Zufriedenheit bei Ihren Patienten erreichen zu können.

Kommunikative Kompetenz hilft Ihnen, durch den Gesprächsaufbau dem Patienten die Möglichkeit zu geben, aufgrund der ihm erläuterten Fakten eine eigenverantwortliche Entscheidung zu treffen.

Durch die Anwendung der Mechanismen moderner Kommunikation, das die Begegnung mit dem Patienten auf der gleichen sprachlichen Ebene einschließt, kann das Vertrauen des Patienten gewonnen werden.

Sie sollten medizinische Fachausdrücke vermeiden und die Wirkungsweise einer medizinischen Dienstleistung in nachvollziehbaren Worten beschreiben.

Abschreckend hingegen wirkt die anbiedernde Wir-Ansprache: »Na, was haben *wir* denn?«

Sie hören aktiv zu und stellen Fragen. Die entsprechenden Techniken dazu haben Sie bereits in ▶ Kap. 3 kennen gelernt. Noch wichtiger als die Beherrschung von Techniken ist Ihre am Patienten orientierte Einstellung.

Vertrauensaufbau zum Patienten – dieses Thema trifft in vielen Einrichtungen des Gesundheitswesens noch auf Widerstand. »Wir sind doch kein Hotel, wir sind doch eine Klinik«, »Dafür haben wir keine Zeit, wir sind ohnehin vollkommen überlastet«, »Immer mehr Patienten auf immer weniger Personal, wo soll da Zeit für ein intensives Gespräch mit dem Patienten herkommen?« – so und ähnlich lauten die Einwände.

Wir wollen dieser Einstellung vehement widersprechen: Ein Arzt oder eine andere medizinische Führungskraft sollte sich durchaus mit dem Hotel-Manager vergleichen, der um zufriedene Kunden bemüht ist, die das Hotel – also in Ihrem Fall Praxis, Klinik oder Pflegeheim – weiterempfehlen. Das beinhaltet wirtschaftlich und organisatorisch abgestimmte Abläufe, ein Team aus Arzt und Pflegekräften, das kommunikativ geschult gemeinsam mit dem Patienten nach der für ihn optimalen Lösung sucht. Praxen, Kliniken und Heime müssen in Zukunft neben ihrem medizinischen Knowhow verstärkt Managementkompetenz und betriebswirtschaftliche Kenntnisse erwerben, um ihre Institution professionell führen zu können. Der Patient muss als Kunde betrachtet werden, mit dem im Gespräch gemeinsam nach einer Lösung für seine gesundheitlichen Probleme gesucht wird.

6.1 Der Aufbau des Patientengesprächs

Die wichtigste Person im Arbeitsalltag eines Arztes ist der Patient.

Er wendet sich an Sie und erhofft sich Verständnis für seine gesundheitlichen Probleme. In einer niederländischen Fachzeitschrift stand dazu folgende Überschrift: »Wenn Sie Zeit sparen wollen, halten Sie den Mund!« (Aus: Langewitz 2002)

Hintergrund sind US-amerikanische Studien. Nach durchschnittlich 22 Sekunden unterbrechen Ärzte den Redefluss des Patienten zu Beginn einer Konsultation, hierzulande geht man von 30 Sekunden aus. Hinter der Unterbrechung steckt oftmals die Angst der Ärzte, die Patienten könnten zuviel Redezeit beanspruchen. Eine Arbeitsgruppe um Prof. Wolf Langewitz, Leiter der Abteilung Psychosomatik am Kantonsspital Basel, rüstete 14 Ärzte mit einer knappen Verhaltensanweisung und einer Stoppuhr aus. Die Daten von über 335 Patienten zeigten, dass 78% der Patienten weniger als 2 Minuten für ihr Anliegen benötigten und nur 2% länger als 5 Minuten sprachen. Diese Untersuchung zeigt, dass Zeitmangel des Arztes nur ein vorgeschobenes Argument darstellt.

Ein erfolgreiches Patientengespräch beginnt beim Zuhören und führt zu einer detaillierten Anamnese (griech. anamnesis = Wiedererinnerung), ein zentrales Element ärztlichen Handelns. Sie versorgt den Arzt nicht nur mit Hintergrundinformationen (*Informationsaspekt*), sondern bildet die Grundlage der Arzt-Patienten-Beziehung (*Kooperationsaspekt*). Diese Beziehung hat auch eine therapeutische Funktion, denn durch das Beschreiben einer für den Patienten unbekannten und beunruhigenden seelischen oder körperlichen Krankheitssituation kann der Arzt Erklärungen anbieten (*therapeutischer Aspekt*). Es bedarf allerdings einer gewissen Redezeit, damit die Ideen, Ängste und Erwartungen des Patienten aufgezeigt werden können. Prof. Wolf Langewitz kommt zu dem Schluss:

> »Wenn Sie den Patienten als terra incognita betrachten, wäre es dumm, sich von den eigenen Erwartungen leiten zu lassen und nach dem Vorhandensein von Tigern und Leguanen zu fragen. Dabei übersieht man dann womöglich die tatsächlich vorhandenen Krokodile – und nimmt ein Erfrischungsbad mit fatalen Folgen.«
>
> (Langewitz 2002)

Um Missverständnisse zu vermeiden, sollten beide Seiten zusammenfassen, was sie gehört und verstanden haben.

Sieht man die Aufgabe der Kommunikation darin, die subjektiven Realitäten einander anzunähern, so haben Arzt und Patient denselben Auftrag: Sie müssen die vielschichtige Wirklichkeit des Anderen kennen lernen und sie müssen dem Gegenüber dabei helfen, die eigene Realität zu verstehen. In der Semantik (Lehre der Wortbedeutung) spricht man vom semantischen Hof.

Der Terminus »semantischer Hof« meint, dass gleiche Begriffe für verschiedene Personen unterschiedliche Bedeutungen haben. Dabei ist zu beachten, dass wir es bei den Patientengesprächen gegenwärtig nicht mehr nur mit der eigenen, sondern immer mehr mit einer multikulturellen und interkulturellen Kommunikation zu tun haben. Der Arzt von heute muss sich auch auf diese für ihn neue Situation einstellen können.

Dies sollte auch im Patientengespräch deutlich werden. Wir empfehlen Ihnen, dass Sie gemeinsam mit Ihrem Praxisteam einen Gesprächsleitfaden entwickeln, nach dem das Patientengespräch aufgebaut ist. Das folgende Ablaufschema soll Ihnen im Gespräch als »Skelett« dienen, welches individuell angepasst werden sollte.

Idealtypische Darstellung eines Patientengesprächs

Phase 1: Beziehung und Vertrauen aufbauen
- Patienten mit Namen ansprechen
- Lob und Anerkennung geben
- Interessanten Gesprächsaufhänger wählen

Phase 2: Interesse zeigen und wecken
- Aktiv zuhören
- Patientenstandpunkt erfragen
- Interesse des Patienten wecken

Phase 3: Patientenwünsche feststellen
- Wünsche und Bedürfnisse erfragen
- Erfragen, welchen Nutzen er sich von der medizinischen Dienstleistung verspricht

Phase 4: Angebot präsentieren
- Angebot umgangssprachlich und verständlich anbieten
- Vorteile und Nutzen der medizinischen Dienstleistung aufzeigen
- Wichtige medizinische Aufklärungsbögen in gebräuchlichen Migrantensprachen anbieten

Phase 5: Einwände bearbeiten
- Durch Fragen nähere Informationen zum Einwand erhalten
- Patientennutzenorientierte Argumentation fortsetzen

Phase 6: Gespräch zum Abschluss führen
- Abschlussfrage stellen
- Entscheidungshilfen geben
- Den Patienten zur Entscheidung beglückwünschen
- Nach Abschluss des Gesprächs um Weiterempfehlung bitten

Sie können die bereits beschriebenen Kommunikationstechniken an jeder Stelle des Gesprächsleitfadens einsetzen.

Phase 1: Beziehung und Vertrauen aufbauen

Die *zehn Schritte des Beziehungsmanagements* (▶ Kap. 2) helfen Ihnen beim Beziehungsaufbau. Stellen Sie bereits zu Gesprächsbeginn Ihre Glaubwürdigkeit unter Beweis. Treten Sie Ihrem Patienten möglichst authentisch gegenüber.

Von dem Kommunikationsexperten Robert Dilts stammt das Konzept der »Pyramide der logischen Ebenen« (◘ Abb. 6.1):

- Ebene »Kontext, Mitwelt und Umwelt«: Hier werden die Rahmenbedingungen gesetzt
- Ebene »Verhalten«: die konkreten Handlungen
- Ebene »Fähigkeiten«: das Reservoir an Kompetenzen, die dem einzelnen Menschen zur Verfügung stehen
- Ebene »Überzeugungen, Einstellungen, Werte und Glaubenssätze«
- Ebene »Identität«: Damit sind die tief verwurzelten Auffassungen über sich selbst gemeint
- Ebene »Vision, Mission, Ziel«: hier wird die gewünschte Entwicklungsrichtung festgelegt

Dilts' Konzept besagt, dass für einen glaubwürdigen Beziehungsaufbau die verschiedenen Ebenen miteinander harmonisiert werden müssen. Das ist der Fall, wenn es bei einem Menschen keinen Widerspruch zwischen seinen Werten, Überzeugungen und Fähigkeiten sowie seinen Verhaltensweisen gibt.

Ein Patient wird Sie als authentische Persönlichkeit wahrnehmen, wenn Sie

- sowohl über die medizinischen Kompetenzen verfügen als auch über die menschlichen Kompetenzen, Vertrauen aufzubauen,
- nicht im Widerspruch zu Ihren Überzeugungen stehen, mithin das Bemühen, Vertrauen aufzubauen, von einer patientengeleiteten Einstellung getragen wird,
- mit Ihrer Identität in Übereinstimmung stehen,
- die Gegebenheiten des sozialen Umfeldes berücksichtigt werden.

Wenn Sie Ihren Patienten möglichst oft mit seinem Namen ansprechen, ihn loben und ein für ihn interessantes Gesprächsthema anschneiden, bauen Sie eine angenehme und positive Gesprächsatmosphäre auf.

Wichtig für den Vertrauensaufbau ist, dass Sie Verantwortung für den Patienten übernehmen wollen.

Dies könnte folgendermaßen geschehen:

»So, liebe Frau Müller, sie erreichen mich jederzeit über meinen Pieper. Ansonsten steht Schwester Joana für Sie zur Verfügung. Wenn Sie Fragen haben, wir sind für Sie da.«

Damit zeigt der Arzt, dass er oder eine Person seines Vertrauens für den Patienten voll und ganz zur Verfügung steht.

◘ Abb. 6.1. Pyramide der logischen Ebenen. (Nach Dilts)

Beziehungsförderer in Phase 1 einsetzen

Für ein Patientengespräch stehen Wörter zur Verfügung, die es fördern und für eine freundliche und angenehme Atmosphäre sorgen, und Wörter, die es hemmen (◘ Tab. 6.1). So genannte »*Antis*« sind z. B. ich, mir, meine, mich, wir, unser. Auf diese Weise stellen wir uns in den Vordergrund, nicht jedoch den Patienten.

◘ Tab. 6.1. Fördernde und hemmende Gesprächsformulierungen

Gesprächszerstörende Formulierungen	Patientengeleitete Formulierungen
Da haben Sie mich falsch verstanden.	Da muss ich mich unklar ausgedrückt haben.
Da täuschen Sie sich aber!	Könnte es sein, dass...?
Ich bin überzeugt von ...	Wollen Sie sich davon überzeugen ...
Das ist doch völlig unmöglich!	Sie überraschen mich.
Das gibt's doch nicht!	Wäre es möglich, dass...?
Sie müssen doch einsehen ...	Können Sie sich vorstellen, dass...?
Ja Moment, ich kann doch nicht hexen!	Kleinen Moment, wir kümmern uns gleich um Sie.
Wir bieten....	Sie erhalten ...
Ich erkläre Ihnen jetzt ...	Sie erfahren jetzt ...
Jawohl, wir prüfen das.	Ich überprüfe das in der nächsten Stunde und rufe Sie um 16 Uhr zurück.

Die sog. »*Pros*« heißen: »Sie, Herr Bohr, Sie erhalten, Sie meinen, Sie wollen« usw. All das sind Beziehungsförderer. Sie sind als Vermittler einer Botschaft dafür verantwortlich, wie diese bei Ihrem Patienten ankommt. Es wird Ihnen mit Hilfe der patientengeleiteten Formulierungen gelingen, die wichtige erste Phase des Patientengesprächs erfolgreich zu gestalten.

Phase 2: Interesse zeigen und wecken

In dieser Phase kommen die Techniken des aktiven Zuhörens und Ihre Fragekompetenz zum Einsatz. Ein möglicher sog. Interessewecker könnte eine neuartige Laboruntersuchung sein, die zur Abklärung der Beschwerden des Patienten beiträgt. In dieser Phase sollte Ihr Redeanteil möglichst gering ausfallen. Der Patient sollte seinen Standpunkt ausführlich darlegen. Sie erhalten dadurch mehr Ansatzpunkte, ihm diejenigen medizinischen Dienstleistungen vorzustellen, von deren Nutzen für den Patienten Sie überzeugt sind.

Natürlich ist es vor allem die medizinische Leistung und Kompetenz, durch die Sie dem Patienten einen Nutzen erbringen. Allerdings signalisieren Sie ihm durch eine einfühlsame Kommunikation und Gesprächsführung, dass Ihnen sein Wohlbefinden wichtig ist: »Sie sind für mich nicht ein Kranker mit einem defekten Körperteil, sondern eine Person, die ich als Mensch achte und respektiere!«

Die Unterschiedlichkeit der Menschen macht sich natürlich ebenfalls in der Kommunikation bemerkbar. Spricht ein Patient besonders langsam, sollten Sie dies ebenfalls tun. Jeder Mensch benutzt bestimmte Sprachmuster, aus denen sich erkennen lässt, zu welchem Wahrnehmungs- und Kommunikationstyp er gehört. Wenn Sie dies bei Ihrem Patienten erkennen, können Sie dies sowohl verbal als auch nonverbal in Ihre Kommunikation einbauen. Stellen Sie z. B. fest, dass der Patient Informationen vor allem visuell aufnimmt, sollten Sie in Ihren Äußerungen mit Sprachbildern arbeiten und eine visuelle Ansprache wählen, also etwa:

»Herr Bader, halten Sie sich bitte vor Augen, dass ...«.

Gestatten Sie uns in diesem Zusammenhang einen kurzen Ausflug in die Welt des Neuro-Linguistischen Programmierens (NLP). Das NLP ist aus Untersuchungen zu der Frage entstanden, wie Spitzenkönner der Kommunikation mit anderen Menschen umgehen. Aus diesen Beobachtungen wurden kommunikative Regeln abgeleitet.

NLP dient sowohl dem Selbstmanagement als auch dem Aufbau einer vertrauensvollen Patientenbeziehung. Beim Selbstmanagement steht die Mentaltechnik der Visualisierung im Mittelpunkt, mit der Sie Ihr Unbewusstes auf eine bestimmte Zielerreichung »programmieren« können. Dazu legen Sie Ihre Ziele eindeutig fest und stellen sich den gewünschten Soll-Zustand in einem konkreten Bild vor. Ihr Unbewusstes wird auf diesem Weg zum Verbündeten, wenn Sie es mit assoziationsreichen Bildern »füttern«, die alle Sinne ansprechen.

Diese Methode verspricht umso mehr Erfolg, je mehr Sie das Sinnesorgan nutzen, das Ihrem Typ entspricht:

Die NLPler sprechen von visuellen, auditiven, kienästhetischen, olfaktorischen und gustatorischen Sinneskanälen und Repräsentationssystemen:

- Der **visuelle Typ** reagiert vor allem auf Bilder.
- Der **auditive Typ** reagiert auf Töne und Geräusche.
- Der **kinästhetische Typ** reagiert auf Empfindungen und Gefühle.
- Der **olfaktorische Typ** nimmt seine Umwelt primär über Gerüche wahr.
- Der **gustatorische Typ** schließlich nimmt sie über den Geschmack wahr.

NLP geht davon aus, dass es zwischen den Sprachmustern und der Körpersprache sowie den Repräsentationssystemen einen Zusammenhang gibt. Wenn der visuell orientierte Mensch »sein« Repräsentationssystem bestimmt hat, malt er seine Zielbilder in leuchtenden Farben und stellt sich vor, dass und *wie* er Patienten für eine medizinische Dienstleistung begeistert. Er schmückt den geistigen Film mit zahlreichen visuellen Eindrücken aus. Bei der Visualisierung sind der Fantasie keine Grenzen gesetzt. Wichtig ist, die Bilder so lebendig und präzise wie möglich zu zeichnen.

Wenn Sie erkennen, auf welchem Sinneskanal ein Patient bevorzugt kommuniziert, können Sie Ihre nonverbalen und verbalen Signale darauf ausrichten und sich durch die verschiedenen *Rapport-Techniken* auf die Wellenlänge des Patienten einschwingen. Die Technik des »Einschwingens« haben wir Ihnen ja bereits im Zusammenhang mit der 6. Regel des Beziehungsmanagements erläutert. In der NLP-Terminologie spricht man von *Pacing*, wenn Sie das Ausdrucksverhalten des Patienten »spiegeln«. Durch Ihre Körpersprache, Gestik und Mimik begeben Sie sich mit dem Patienten auf eine Stufe. Pacing stellt diese Kongruenz aktiv her. Konkret bedeutet dies: Ein Patient, dessen Körpersprache und Kleidung ausdrückt, er wünsche eher ein distanziertes Verhältnis zu seinem Arzt, sollte von Ihnen nicht mit einem flapsigen »Hallo« begrüßt werden. Kritiker wenden ein, Pacing bedeute, den anderen Menschen nachzuahmen und ihn so zu manipulieren. Die Erfahrung zeigt aber, dass Patienten dieses reine Nachahmen erkennen und verstimmt reagieren. Die Technik darf daher nicht dazu dienen, den Patienten beeinflussen zu wollen. Notwendig ist respektvolles Pacing und dies gelingt, wenn Sie den Patienten als Gesprächspartner wertschätzen.

Das *Leading* ist die aktivere Variante des Rapportaufbaus. Sie wollen die Gesprächsführung übernehmen, indem Sie Ihre Verhaltensweisen in einer Gesprächssituation verändern und dabei so viel Rapport beibehalten, dass der Patient mit einer entsprechenden Verhaltensänderung folgen kann.

Der Patient soll Ihre Körpersprache spiegeln, sich Ihrem Rhythmus anpassen. Diese Technik erfordert allerdings sehr viel Übung und Training. Bringt der Patient im Gespräch einen Einwand vor – etwa gegen eine Zuzahlerleistung, die Sie ihm vorstellen –, hilft Ihnen die zuvor bereits kurz angeschnittene NLP-Technik des *Reframing*, den Einwand zu entkräften. Dazu später mehr, wenn es um die Phase »Einwände entkräften« geht.

Phase 3: Patientenwünsche feststellen

Um sich Patientenwünsche zu verdeutlichen, nutzen Sie die bisher kennen gelernten Fragetypen. Wir empfehlen Ihnen, Ihre Fragetechnik zu analysieren. Nehmen Sie sich nach Ihrem nächsten Patientengespräch die Zeit, Ihre Fragekompetenz zu bewerten und achten Sie dabei auf folgende Aspekte:

- Arbeite ich in meinen Patientengesprächen mit Fragen?
- Welche verschiedenen Frageformen habe ich eingesetzt?
- Wie hat der Patient darauf reagiert?
- Habe ich durch die Fragen Dinge erfahren, die ich ansonsten nicht erfahren hätte?
- Welche Wirkung verspreche ich mir von dem Einsatz der Frageformen?
- Was kann ich an meinem Frageverhalten verbessern?

Wir möchten Ihnen noch eine Reihe wirkungsvoller Fragen aufzeigen. Nutzen Sie diese, um Ihr Repertoire zu erweitern.

Wirkungsvolle Fragen in der Übersicht
Was-Fragen:
- Was bevorzugen Sie?
- Was sind Ihre Wünsche?
- Was ist für Sie wichtig?
- Was erwarten Sie von unserer Praxis?

Wie-Fragen:
- Wie wichtig ist Gesundheit für Sie?
- Wie zufrieden sind Sie mit Ihrem derzeitigen Gesundheitszustand?
- Wie haben Sie sich bisher um Ihre Gesundheit gekümmert?
- Wie soll Ihre Vorsorge in Zukunft aussehen?

Lange W-Fragen:
- Womit vergleichen Sie?
- Warum ist das für Sie so wichtig?
- Wofür interessieren Sie sich?
- Woher haben Sie diese Empfehlung?

Phase 4: Angebot präsentieren

In dieser Phase ist es wichtig, aus der Sicht des Patienten zu argumentieren und seine Nutzenerwartung und den tatsächlichen Nutzen in den Vordergrund zu rücken.

Die folgende Nutzen-Matrix (◻ Tab. 6.2) hilft Ihnen dabei.

Die Nutzen-Matrix fokussiert weniger darauf, die Eigenschaften einer Therapie zu beschreiben, sondern legt das Augenmerk auf den Nutzen für den Patienten. Dieser Nutzen muss als klarer Vorteil für den Patienten ersichtlich und daher entsprechend formuliert sein.

Phase 5: Einwände bearbeiten

Wie Sie Einwände von Vorwänden trennen und sie bearbeiten, wissen Sie bereits aus ▶ Kap. 3. Gerade beim Entkräften von Einwänden ist es von immenser Bedeutung, eine bildhafte Sprache zu verwenden. Wenn der Patient eine Leistung in Frage stellt und Ihre Argumentation ins Stocken gerät, verwenden Sie am besten Formulierungen, die dem Patienten den Nutzen der Leistung anschaulich verdeutlichen. Sie sagen beispielsweise dem Patienten, bei dem Sie einen Gesundheits-Check für notwendig erachten:

◘ Tab. 6.2. Nutzen-Matrix: Den Patientennutzen betonen

Ich möchte Ihnen heute … vorstellen (Therapie, IgeL-Leistung, Produkt):	
Nutzen	**Produktstärke**
… bringt Ihnen	
… bedeutet für Sie	
… erhöht Ihr	
… schützt vor	
… spart Ihnen	
… verhindert	
… sorgt für	
… ermöglicht Ihnen	
… sichert Ihnen	
… erleichtert Ihnen	
… steigert Ihre	
… senkt Ihre	
… minimiert Ihre	
… festigt Ihre	
… gewährt Ihnen	
… stärkt	

»Bevor Ferrari sein Auto ins Rennen schickt, wird es hundert Mal durchgecheckt und Probe gefahren. Das sollten auch Sie tun.«

Eine weitere Möglichkeit, Einwänden zu begegnen, besteht in der Anwendung einer NLP-Technik. Dabei wird der Bezugsrahmen eines Einwandes verändert oder ausgewechselt. Klassisches Beispiel ist der Einwand, die Leistung sei zu teuer. Sie stellen den Einwand in einen anderen Rahmen, indem Sie den Preis einer Leistung zu ihrem Nutzen in ein Verhältnis setzen. Durch den neuen Rahmen »Nutzen« verlagern Sie das Gespräch auf eine Ebene, auf der Sie nicht gegen das Preisargument ankämpfen müssen, sondern auf den Nutzen fokussieren.

Phase 6: Gespräch zum Abschluss führen

»Abschlussfrage stellen«, »Entscheidungshilfe geben« – so manchen von Ihnen wird dieses Vokabular vielleicht allzu sehr an die Vorgehens-weise eines Verkäufers erinnern. Aber bedenken Sie bitte: Individuelle Gesundheitsleistungen müssen Sie »verkaufen«! Wenn Sie Ihrem Patienten den Nutzen einer Leistung nahe bringen, handeln Sie durchaus am Patienten orientiert.

Denken Sie außerdem an eine modifizierte Sepp-Herberger-Allegorie: Nach dem Patientengespräch ist vor dem Patientengespräch. Wenn Sie neue Patienten gewinnen wollen, sollten Sie sich nicht scheuen, zufriedene Patienten um eine Weiterempfehlung zu bitten. Viele Ärzte glauben, dass die Bitte um Weiterempfehlung den Patienten stört. Sensibilisieren Sie sich selbst und Ihre Mitarbeiter für die Bedeutung einer Weiterempfehlung. Patientenzufriedenheit ist die beste Werbung, die zudem nichts kostet. Ein Patient, der sich als »Werber« im Bekanntenkreis positiv über Ihre Praxis und Ihr Team äußert, ist unbezahlbar.

Klären Sie mit Ihren Mitarbeitern zunächst, wie sie bisher vorgegangen sind. Haben sie sich überhaupt um eine Weiterempfehlung bemüht?

Hauptziel des Patientengesprächs ist der Aufbau einer langfristig wirksamen Patientenbeziehung, welche auch die aktive Weiterempfehlung einschließt. Wem man vertraut, den empfiehlt man weiter. Auch hier kommen die Gebote des Beziehungsmanagements zum Tragen.

Selbst wenn der Patientenkontakt in medizinischer Hinsicht nicht hundertprozentig zur Zufriedenheit des Patienten verlaufen ist, besteht die Möglichkeit einer Weiterempfehlung. Vor allem dann, wenn Ihr Team und Sie durch Freundlichkeit dafür sorgen, dass der Patient den Praxisbesuch und das Gespräch in guter Erinnerung behält. Deshalb ist es sinnvoll, wenn Sie sich gemeinsam mit Ihren Angestellten geeignete Formulierungen überlegen, mit denen Sie einen Patienten um Weiterempfehlung bitten. Diese Standardformulierungen können dann situations- und patientenbezogen eingesetzt und variiert werden.

6.2 Nehmen Sie Ihre Vorbildfunktion wahr!

Aufgrund der auch zeitlich intensiven Kontakte von Patienten mit Krankenschwestern und Arzthelferinnen ist es wünschenswert, wenn auch Ihre Mitarbeiter ein Patientengespräch mit Hilfe der hier dargestellten Methoden führen können. Dies funktioniert nicht über Anordnungen. Ihnen stehen jedoch mehrere Möglichkeiten zur Verfügung, um auch auf Seiten Ihres Personals den Willen und die Befähigung zum patientengeleiteten und nutzenorientierten Gespräch zu fördern – z. B., indem Sie Ihre Vorbildfunktion wahrnehmen. Gehen Sie mit gutem Beispiel voran!

Dies ist im unmittelbaren Kontakt mit den Patienten möglich, ebenso in der Mitarbeiterführung. Vielleicht motivieren Sie Ihre Mitarbeiter zur Nachahmung, indem Ihre Mitarbeiter sehen, wie Sie sich im Gespräch dem Patienten zuwenden und ein Vertrauensverhältnis aufbauen. Die Kommunikation zwischen Ihren Mitarbeitern und Ihnen kann als Beispiel für Gesprächsführung mit den Patienten dienen.

Das bedeutet, Sie wenden die Kommunikationsmethoden, etwa die Fragetechniken und das aktive Zuhören, im Dialog mit Ihrem Praxisteam an und Ihr Team überträgt dies auf die Patientengespräche.

✎ Nehmen Sie sich Zeit zum Nachdenken

Die sechs Phasen des Patientengesprächs müssen von Ihrem Team und Ihnen auf die Gegebenheiten in Ihrer Praxis angepasst werden. Notieren Sie in Ihrem persönlichen Strategieheft, wie ein optimales Patientengespräch in Ihrer Praxis aussehen könnte.

Meine wichtigsten Erkenntnisse:

So setze ich das Gelesene um:

Vom kommunikativen Umgang mit »schwierigen« Patienten

»Teilnahme ist der Schlüssel, der die Herzen anderer öffnet.« Samuel Smiles

In jeder Arztpraxis gibt es Kommunikationssituationen, deren Bewältigung das Praxisteam vor besondere Herausforderungen stellen. Dazu zählen:

- Gespräche mit Patienten, die im Umgang und Charakter als »schwierig« erscheinen
- Beschwerden von Patienten, insbesondere über zu »lange Wartezeiten«

7.1   Verhandlungen mit »schwierigen« Patienten

Einige Menschen erproben ihr Verhandlungsgeschick nicht nur beim Schnäppchenkauf, sondern auch als Patient beim Arztbesuch und greifen zu nicht immer ganz fairen Methoden. Für Sie heißt es dann taktisch vorzugehen und den Patienten auf die Sachebene zurückzuholen.

Der Einsatz von Verhandlungstechniken blieb bisher eher den Verkäufern im Einzelhandel vorbehalten. Doch auch Ärzte berichten zunehmend von Situationen, die Verhandlungscharakter annehmen. Vielleicht verfügen Sie bereits über ähnliche Erfahrungen. Es werden Kostenvoranschläge diskutiert und Selbstzahlerleistungen verhandelt, Beschwerden vorgebracht und Fragen hinsichtlich der Verschreibungspflicht eines Medikamentes diskutiert – die Gesundheitsreform und ihre komplizierten Bestimmungen machen es möglich.

Während es in einem Gespräch meist um den gegenseitigen Austausch geht, vertreten in einer Verhandlung zwei Parteien ihre jeweiligen Interessen – mit dem Ziel, in der Auseinandersetzung zu einem Beschluss zu gelangen, der beide zufriedenstellt.

Mit etwas Geschick und dem »sachgerechten Verhandeln« nach dem Harvard-Konzept lassen sich die meisten Situationen bewältigen.

Das Harvard-Konzept sieht vor, dass sich die Beteiligten als Partner sehen, die die Interessen der jeweils anderen Seite bei der Entscheidungsfindung einbeziehen, ohne jedoch den eigenen Vorteil aus dem Blickfeld zu verlieren. Der Patient und Sie streben folglich einen Interessenausgleich im kontrollierten Dialog an. Dazu nehmen Sie und Ihre Mitarbeiter die Perspektive des Patienten ein, hören aktiv zu, spüren durch genaues Nachfragen dessen Bedürfnisse auf und unterbreiten ihm einen Vorschlag, der auch seine Ziele berücksichtigt. Allerdings verlaufen Verhandlungen nur positiv, wenn beide Parteien zum Entgegenkommen bereit sind (Fisher et al. 200).

Dann entstehen Win-win-Verhandlungsergebnisse, die beiden Seiten nutzen.

Bei scheinbar festgefahrenen Verhandlungssituationen sollten Sie die folgende Strategie anwenden:

1. Emotionen und Verhandlungsgegenstand konsequent trennen
2. Interessen abklären
3. Alternativlösungen (Kompromiss, Konsens) entwickeln und gemeinsam mit dem Patienten auswählen

Auf die sachliche Ebene zurückholen

Was tun Sie, wenn Ihr Patient zu unlauteren Mitteln greift, nur seinen eigenen Vorteil verfolgt oder gar droht, über »diese Unverschämtheiten« in der Öffentlichkeit zu berichten? Die kooperative Verhandlungsstrategie hilft da nicht weiter, gefragt ist taktisches Vorgehen. Bleiben Sie auch in hitzig und emotional geführten Verhandlungsgesprächen fair und greifen Sie zum taktischen Vorgehen vor allem, um den Patienten wieder ins gemeinsame »Verhandlungsboot« zu holen – er bleibt Ihr Verhandlungs*partner*.

Dazu möchten wir Ihnen einige Beispiele nennen: Patienten bezweifeln häufig ihnen dargelegte Fakten aufgrund der durch die Gesundheitsreform entstandenen Situation: »In der Zeitung war das aber anderes zu lesen!«, oder: »Die Krankenkasse hat mir das anders erklärt.« Lassen Sie in Ihre Argumentation nur Tatsachen einfließen, die Sie auch belegen können.

Patienten bestreiten gelegentlich die Zuständigkeit und Kompetenz einer nichtärztlichen Assistentin, um sie auf diese Weise zu verunsichern: »Sie haben anscheinend wenig Ahnung von dieser Selbstzahlerleistung. Ich möchte den Arzt sprechen!« Die Assistentin könnte dann entgegnen: »Auch wenn ich vielleicht über weniger Erfahrung verfüge als der Arzt: Welche Einwände haben Sie denn zu der Sache selbst?«

Ein guter Gesprächsleitfaden hilft, sich von Verwirrspielen des Patienten nicht beeinflussen zu lassen. Ihre Assistentin sollte dem Patienten zustimmen, wo es sinnvoll erscheint. Später sollte sie wieder den konkreten Verhandlungsanlass in den Mittelpunkt stellen: »Im Prinzip haben Sie recht, aber wenn Sie sich die Kostenaufstellung im Einzelnen ansehen ...«

Schwierig wird es, wenn der Patient provoziert, Druck ausübt und Sie persönlich angreift. Eventuell muss das Gespräch abgebrochen werden. Ein Gespräch sollte nicht in Beleidigungen ausarten, Sie müssen diese nicht akzeptieren. Sie sollten vorher allerdings versuchen, dem Patienten eine Brücke zu bauen, die zurück auf die sachliche Ebene führt.

Ein Patentrezept gegen Unfairness gibt es nicht, hilfreich ist folgendes Vorgehen: Stimmen Sie dem Patienten zu, signalisieren Sie Anteilnahme und nehmen Sie den Druck aus dem Gespräch – »Abkühlen« heißt das Motto.

Anschließend setzen Sie einen »Stoßdämpfer«, um den Ärger des Patienten aufzufangen: »Ich verstehe, dass Sie aufgebracht sind. Lassen Sie uns doch gemeinsam nach einer Lösung suchen.« Nun kommt Ihr Humor ins Spiel: »Sie scheinen der Meinung zu sein, Angriff sei die beste Verteidigung. Ich bin aber auch ein guter

Stürmer. Lassen Sie mich nochmals in die sachliche Offensive gehen – vielleicht finden wir eine Basis für eine Einigung.«

Offensichtliche Drohungen – wie die, im Freundes- und Bekanntenkreis nicht gerade Positives über die Praxis zu erzählen – sollten Sie als unfair bloßstellen. Anschließend machen Sie den Umgang miteinander zum Thema: »So kommen wir nicht weiter, Herr Biller. Was halten Sie davon, wenn wir erst einmal festlegen, wie wir miteinander umgehen und reden wollen? So können wir unser gemeinsames Ziel vielleicht doch erreichen.«

7.2 Patienten auf der Gefühlsebene abholen

Im medizinischen Alltag ist es heutzutage keine Ausnahme mehr, wenn sich Patienten beschweren. Bitte überlegen Sie, wann sich in Ihrer Praxis das letzte Mal ein Patient vehement beklagt hat. Wie haben Sie reagiert?

Unsere Erfahrungen belegen, dass Patienten vor allem deshalb ihren Arzt wechseln, weil sie mit der unzureichenden *Reaktion* auf eine Beschwerde unzufrieden sind.

Es mag scheinbar unlogisch sein, aber ein Patient, der sich beschwert, gibt Ihnen und Ihrer Praxis eine zweite Chance! Er geht nicht sofort zur »Konkurrenz«, sondern er will das Problem erst einmal mit der betroffenen Praxis klären!

Eine Patientenbeschwerde kann ein wahrer Glücksfall sein. Der angemessene Umgang mit ihr führt nicht nur (doch noch) zu einem zufriedenen Patienten. Sie erhalten zudem Hinweise auf Problembereiche in Ihrer Praxis und erfahren, wo Optimierungsbedarf besteht.

Emotionale Klarheit schaffen

Die Beziehungsebene, also der emotionale Aspekt der Beschwerde, ist wichtiger als die Inhaltsebene, mithin der konkrete Grund der Patientenklage.

Es ist bedeutender, die Beziehungsebene und somit die Gefühle des Patienten zu beachten, als der selbstverständlich notwendigen sachlichen und lösungsorientierten Vorgehensweise das Primat einzuräumen.

Ein Blick in das Deutsche Wörterbuch der Gebrüder Grimm belegt: Das Wort »Beschwerde« leitet sich von »suârida« ab und meint »drückende Last«. Sinn der Beschwerde ist vor allem eine emotionale Befreiung oder Entlastung. Der Patient will seine Enttäuschung und Wut loswerden und steht deshalb unter emotionaler Hochspannung, wenn er Sie mit seiner Beschwerde konfrontiert.

Häufig bewerten Menschen eine Beschwerde als persönlichen Angriff auf ihre Person und ihre Kompetenzen. Dies scheint verständlich, da in unserem Fall der erboste Patient Sie auf der persönlichen Ebene angreift. Aber warum tut er dies? Zunächst überträgt er seinen Ärger über den sachlichen Beschwerdeanlass auf die Person, bei der er sich beschwert. Diese dient ihm als »Blitzableiter«. Es liegt nicht in seiner eigentlichen Absicht, sein Gegenüber persönlich anzugreifen.

Wenn Sie sich durch die Beschwerde angegriffen fühlen, besteht die latente Gefahr, dass Sie eine Verteidigungshaltung einnehmen und einen unüberlegten »Gegenangriff« starten. Die Konzentration auf die Inhaltsebene, also auf den eigentlichen Beschwerdegrund, wird somit unmöglich.

Oberster Grundsatz eines Beschwerdemanagements ist, den Patienten und sein Anliegen ernstzunehmen, eigene Emotionen herauszunehmen, die »Schuld« nicht auf andere zu projizieren und das Gespräch auf die sachliche Ebene zu verlagern. Machen Sie es dem Patienten einfach, seine Beschwerde vorzutragen. Verblüffen, ja begeistern Sie ihn geradezu damit, wie mit seiner Beschwerde umgegangen wird – auf der inhaltlichen, der emotionalen und der menschlichen Ebene.

7.3   Das Beschwerdegespräch

Sie sollten nicht erst reagieren, wenn schwerwiegende Klagen vorgetragen werden, sondern im Vorfeld präventiv wirken. Beispielsweise können Sie in einem gemeinsamen Treffen mit den Mitarbeitern von den bisherigen Erfahrungen berichten: Welche Gründe führten zu Beschwerden, worüber beschwerten sich die Patienten und wie ist bisher darauf reagiert worden? In dem Meeting fassen dann alle Teilnehmer die Einzelfälle tatsächlicher und möglicher Beschwerden zu Rubriken oder Gruppen zusammen und entwickeln für jede »Beschwerdegruppe« Lösungsvorschläge. Diese müssen so flexibel sein, dass sie an den konkreten Beschwerdefall angepasst werden können. So erarbeiten Sie sich mehrere Handlungsoptionen, *bevor eine entsprechende Patientenbeschwerde vorliegt.*

Sie sollten unbedingt vermeiden, dass es zu einem Streitgespräch kommt. Die folgenden sieben Schritte sollen dabei helfen, das Beschwerdegespräch mit dem Patienten erfolgreich zu gestalten:

- **Schritt 1: Die Beschwerde annehmen.** Der Patient bringt seine Beschwerde vor. Sie – wobei dies und das Folgende natürlich auch für Ihr Team gilt – schweigen zunächst, unterbrechen den Patienten nicht und hören zu. Bereits jetzt versuchen Sie, den sachlichen Beschwerdeanlass herauszuhören. Sie warten bis der unzufriedene Patient »Dampf abgelassen« hat.
- **Schritt 2: Stoßdämpfertechnik anwenden.** Zeigen Sie bereits durch Ihre Körperhaltung an, dass Sie sich dem Patienten öffnen wollen. Auf diese Weise senden Sie das Signal aus: »Ich kümmere mich gerne um Ihr Anliegen«. Federn Sie die Beschwerde ab. Die Formulierung »Das ist gut, dass Sie mich darauf aufmerksam machen« zeigt Ihr Verständnis und nimmt dem Gespräch die Schärfe. »Ich kann Sie gut verstehen ...«, »Es tut mir leid, dass ... « oder »Ich kann gut nachempfinden

...« sind mögliche Formulierungen. In dieser Phase entscheidet sich, ob es gelingt, emotionale Klarheit zu schaffen.

- **Schritt 3: Problembewusstsein zeigen.** Nun ist es wichtig, durch geschickte Fragetechnik und aktives Zuhören den eigentlichen Beschwerdeanlass zu ergründen. Setzen Sie sich dabei sinnbildlich die Wahrnehmungsbrille des Patienten auf.
- **Schritt 4: Lösung herbeiführen.** Fassen Sie die Fakten zusammen, geben Sie das Problem in eigenen Worten wieder und kontrollieren Sie auf diese Weise, ob Sie die Beschwerde richtig verstanden haben. Legen Sie nun eigene Lösungsangebote vor, wobei sich die im Teammeeting vorab erarbeiteten Argumente und Lösungen bewähren können – oder fragen Sie den Patienten, welche Lösung ihm vorschwebt. Dadurch treten Sie mit dem Patienten in einen lösungsorientierten Dialog, vielleicht mit diesen Worten: »Was halten Sie davon, wenn ...«. Das Einverständnis zu der vereinbarten Lösung wird dezidiert vom Patienten eingeholt: »Sind Sie mit diesem Lösungsangebot einverstanden?«
- **Schritt 5: Konkrete Vereinbarung treffen.** Verbleiben Sie so konkret wie möglich: »Wir rufen Sie deswegen noch heute an«.
- **Schritt 6: Für Beschwerde bedanken.** Bedanken Sie sich beim Patienten – denn die Beschwerde eröffnet Ihnen die Möglichkeit, einen Patienten zufrieden zu stellen, ihn an die Praxis zu binden und Störquellen in den Arbeits- und Organisationsabläufen der Praxis aufzuspüren: »Vielen Dank, dass Sie uns mit Ihrer Beschwerde auf diesen Umstand hingewiesen haben. Sie helfen uns und unseren Patienten weiter!«
- **Schritt 7: Vereinbarungen einhalten.** Das beste Beschwerdemanagement ist sinnlos, wenn die getroffenen Vereinbarungen nicht umgesetzt werden. Sie sollten nur das gemeinsam festlegen, was Sie auch einhalten können.

Umgang mit Patientenbeschwerden

Grundsätzliches Verhalten:

- Beschwerde als Chance zur Praxisprofilierung und Patientenbindung verstehen
- Glaubhaft und ehrlich bleiben
- Patientenanliegen wichtig nehmen
- Eigene Emotionen herausnehmen
- Schuld nicht intern verteilen, nach dem Motto: »Da hat mein Kollege schlecht gearbeitet«
- Dem Patienten auf keinen Fall beweisen wollen, dass er Unrecht hat
- Aktiv zuhören und Fragen stellen
- Lösungsorientierte Gesprächstechnik anwenden
- Flexible Standardlösungen entwickeln, die auf konkreten Beschwerdefall angepasst werden können
- Im Meeting Strukturen für erfolgreiches Beschwerdemanagement einschließlich möglicher Lösungsvorschläge erarbeiten

Die sieben Schritte des Beschwerdegesprächs im Überblick

- Schritt 1: Beschwerde annehmen, zuhören und schweigen
- Schritt 2: Stoßdämpfer setzen, für Befreiungsgefühl sorgen
- Schritt 3: Problembewusstsein zeigen, Beschwerdeursache mit Fragetechnik feststellen
- Schritt 4: im kontrollierten Dialog Gespräch zusammenfassen, Lösung anbieten
- Schritt 5: Vereinbarung treffen, Patienteneinverständnis einholen
- Schritt 6: sich bedanken
- Schritt 7: Zusagen einhalten, Vereinbarung umsetzen

7.4　Das Problem »lange Wartezeiten«

Ein spezielles Problem für mögliche Patientenbeschwerden sind die langen Wartezeiten. Bei diesem Problem werden selbstverständlich die bisher dargestellten Kommunikationstechniken und Gesprächstipps ebenfalls angewandt. Weiterhin möchten wir Ihnen vorschlagen, in Teamarbeit Strategien und Methoden auszuarbeiten, die zu einer Reduzierung der Wartezeit für die Patienten führen.

Sie sollten der eigentlichen Teamarbeit eine Mitarbeitersitzung vorschalten. Dabei entwickeln die Teammitglieder ein gemeinsames Selbstverständnis und legen kommunikative Spielregeln fest, unter denen die Teamarbeit ablaufen soll – z. B.: »dem anderen genau zuhören, ohne ihn zu unterbrechen«, »andere Vorschläge zunächst vorurteilslos anhören und dann in der Gruppe diskutieren«. Die Teammitglieder artikulieren ihre Erwartungen, Befürchtungen, Vorbehalte und Hoffnungen, die sie mit der zu bearbeitenden Aufgabe, aber vor allem mit der Teamarbeit an sich verbinden. Sie können dann insbesondere die Vorbehalte im Plenum gemeinsam mit den Assistentinnen diskutieren und schließlich ausräumen.

Informieren Sie ausführlich und offen über die Ziele und die Bedeutung der Teamarbeit für die Praxis und die einzelnen Mitarbeiterinnen. Durch die transparente Informationspolitik entwickelt sich ein Verständnis für die Teamaufgabe und die Notwendigkeit, Wartezeiten zu reduzieren. Zudem wird es für jede Mitarbeiterin nachvollziehbar, welche Funktion und Rolle sie innerhalb des Teams innehat.

Erläutern und betonen Sie zudem den persönlichen Nutzen, den die Praxismitarbeiterinnen aus der Teamarbeit ziehen. Die Verkürzung der Wartezeiten dient zweifellos der Patientenbindung und somit der langfristigen Sicherung der Arbeitsplätze.

Gerade in solchen vorbereitenden Sitzungen springt häufig der sprichwörtliche Funke auf das gesamte Team über und es entsteht ein Gemeinschaftsgefühl. Während im normalen Arbeitsablauf jede Assistentin ihrer speziellen Tätigkeit nachgeht, lernen sich die Teammitglieder nun aus einer anderen Perspektive kennen: Wie reagieren die Kolleginnen, wenn sie eine gemeinsame Lösung erarbeiten sollen? Was geschieht, wenn sie einen Vorschlag diskutieren sollen, mit dem sie nicht einverstanden sind? Können sie abweichende Meinungen respektieren und tolerieren? Wie gehen sie mit Kritik um?

Patienten die Gründe für die »lange Wartezeit« erklären

Nachdem die Teamregeln formuliert sind, beginnt die eigentliche Teamarbeit. Bei der ersten Zusammenkunft sollten Sie noch selbst als Leiter auftreten, die Räumlichkeiten zur Verfügung stellen und die Gruppensitzungen organisieren. Die Teamsitzungen müssen mit der Tagesarbeit koordiniert werden und finden im Normalfall nicht während der üblichen Arbeitszeit statt. Je reifer und erfahrener die Assistentinnen in der Teamarbeit sind, desto mehr können sie in die Unabhängigkeit selbst organisierter Teamarbeit entlassen werden, die Sitzungen eigenständig planen und durchführen und schließlich eine Teamleiterin aus den eigenen Reihen bestimmen.

Die Erarbeitung der Maßnahmen zur Reduzierung der Wartezeiten im Team kann wie folgt ablaufen:

- Sie erläutert dem Team die Aufgabe und das Ziel der Teamarbeit, z. B.: Verringerung der Wartezeiten auf maximal 15 Minuten. Dieses Ziel soll innerhalb eines halben Jahres erreicht werden.

- Die Gruppe diskutiert, wie die bisherigen Wartezeiten zustande kommen. Jedes Teammitglied bringt seine Erfahrungen ein: Die Mitarbeiterin an der Rezeption berichtet von Schwierigkeiten bei der telefonischen Terminvereinbarung, Sie erläutern, wieso manche Behandlungen länger als geplant dauern. Sie erklären, welche Indizien es gibt, an denen die Assistentinnen ablesen können, bei welchen Behandlungen eine Verzögerung wahrscheinlich ist. Eine andere Mitarbeiterin berichtet über ihre Erfahrungen mit Patienten, die sich über lange Wartezeiten beschweren.

- Sie notieren die Ergebnisse auf der Pinnwand. Die Gruppe fasst die Einzelfälle zu Blöcken zusammen und entwickelt erste Vorschläge zur Reduzierung der Wartezeiten.
- Nach dieser ersten Sitzung geht das Team auseinander und sammelt in den folgenden Tagen weiteres Material: eine Mitarbeiterin erhält die Aufgabe, stichpunktartig die Wartezeiten der Patienten zu überprüfen. So gewinnt das Team einen genauen Überblick über die Wartezeiten.
- In der zweiten Sitzung werden die Beobachtungen gesammelt – nun kann die Gruppe genauer sagen, warum es manchmal zu längeren Wartezeiten kommt.
- Schließlich unterbreitet die Gruppe Verbesserungsvorschläge zur Terminvereinbarung. Patienten sollen verstärkt telefonisch informiert werden, wenn eine längere Wartezeit absehbar ist. Es wird versucht, ein zeitliches Fenster für unvorhergesehene Patienten mit akuten Gesundheitsproblemen mit einzuplanen.
- Zugleich entwickelt das Team Verhaltensregeln für den kommunikativen Umgang mit wartenden Patienten. Das Team beschließt beispielsweise, Patienten im Wartezimmer vorzuschlagen, in einer halben Stunde wiederzukommen und noch etwas einkaufen zu gehen – »es dauert noch ein wenig, bis der Doktor sich um Sie kümmern kann.« Den Patienten wird erklärt, warum es zu einer Wartezeit kommt. Eine Kollegin wird zur »Beraterin für wartende Patienten« bestimmt, die ergänzend eine kleine Erfrischung anbietet. Zudem erarbeitet das Team einen Gesprächsleitfaden für den Umgang mit Patienten, die über zu lange Wartezeiten klagen.

- Nun geht es an die Umsetzung: Sie als Teamleiter geben einen Zeitplan vor, innerhalb dessen die Verbesserungsvorschläge realisiert werden. Die Assistentinnen notieren ihre Erfahrungen bei der Umsetzung.
- Die Gesprächsnotizen bilden bei der nächsten Teamsitzung die Arbeitsgrundlage: Konnten die Verbesserungsvorschläge dem Praxisalltag standhalten? Wo funktionieren sie, wo besteht Optimierungsbedarf? Ein kontinuierlicher Verbesserungsprozess setzt sich in Gang.

Nehmen Sie sich Zeit zum Nachdenken

Welche der dargestellten Maßnahmen zum Umgang mit »schwierigen« Patienten sind für Sie praktikabel? Wie lassen sie sich in Ihrer Praxis einsetzen? Welche Vorbereitungen sind dafür notwendig? Inwiefern muss Ihr Praxisteam darauf eingestellt werden? Bitte notieren Sie Ihre Überlegungen in Ihrem persönlichen Strategieheft.

Meine wichtigsten Erkenntnisse:

So setze ich das Gelesene um:

Teil 4   Das Gespräch mit dem Mitarbeiter

»Der Baum des Wissens ist nicht der Baum des Lebens.«   Paulus Gordon

Es liegt in Ihrer Verantwortung als Leitungskraft, Mitarbeitern zu helfen, ihr gesamtes Potenzial zu entfalten. Dazu ist es notwendig, dass Sie die emotionale Bindung der Mitarbeiter an die Praxis, die Klinik oder das Pflegeheim fördern.

The Gallup Organization ist das älteste und renommierteste Markt- und Meinungsforschungsinstitut der Welt. Jedes Jahr wird der **Engagement-Index** in den führenden Industrieländern erstellt, eine **Studie zur emotionalen Bindung von Arbeitnehmerinnen und Arbeitnehmern**.

Die im Jahr 2005 für Deutschland ermittelten Daten zeichnen ein erschreckendes Bild. Man könnte es mit den Schlagzeilen: »Viele Deutsche mögen ihren Job nicht« oder »Führungslos ins Desaster« zusammenfassen.

Die Zahlen von 2005 für die Bundesrepublik:

- Aktuell verspüren 27,5 Mio. (87%) der insgesamt 31,660 Mio. Arbeitnehmer hierzulande keine echte Verpflichtung gegenüber ihrer Arbeit.
- 21,845 Mio. Beschäftigte (69%) machen lediglich Dienst nach Vorschrift.
- 5,699 Mio. (18%) haben die innere Kündigung bereits vollzogen.

Damit bleibt der Anteil der Beschäftigten, bei denen sich nur eine geringe oder keine emotionale Bindung im Job ausmachen lässt, auf hohem Niveau stabil (2004: 87%, 2003: 88%, 2002: 85%, 2001: 84%).

Der gesamtwirtschaftliche Schaden (u. a. aufgrund hoher Fehlzeiten und niedriger Produktivität), der sich durch das derzeitige Bindungsniveau ergibt, ist erheblich. Er beläuft sich auf eine Summe zwischen 250,6 und 254,2 Mrd. Euro pro Jahr.

Der Anteil der Arbeitnehmer in Deutschland, die eine hohe emotionale Bindung an ihre berufliche Aufgabe und zum Arbeitsumfeld bzw. gegenüber ihrem Arbeitgeber aufweisen, fällt mit 13% deutlich geringer aus als im restlichen deutschsprachigen Raum.

Spitzenreiter unter den von Gallup untersuchten Ländern sind die USA mit 29% fehlender Arbeitsplatzbindung (Dezember 2004).

Ein Offenbarungseid – denn selbst wenn man davon ausgeht, dass sich unter den Befragten einige »schwarze Schafe« befinden, die auch durch die besten Arbeitsbedingungen nicht zu mehr Lust auf Leistung animiert werden können, lassen die Gründe für die Demotivation aufhorchen: Da ist die Rede von schlechtem Management und von der Unfähigkeit der Führungskräfte, gute Leistungen entsprechend anzuerkennen. Viele Arbeitnehmer sind der Meinung, sie besetzten eine Position, die ihren Fähigkeiten nicht entspräche, und fühlen sich nicht genügend gefordert und gefördert. Beklagt wird zudem das grundsätzliche Desinteresse der Vorgesetzten an den Mitarbeitern.

Die Folgen sind gravierend: Die Klientel der Unzufriedenen flüchtet in die innere Emigration, in die Krankheit und wechselt überdurchschnittlich oft den Arbeitgeber.

In dieser Situation ist vor allem Ihre Kommunikationskompetenz gefragt, die Sie in die Lage versetzt, Vertrauen zu den Mitarbeitern aufzubauen, klare Zielvereinbarungen zu treffen und ihnen Spielräume für eigenständiges Arbeiten und eigenverantwortliche Entscheidungen zu eröffnen.

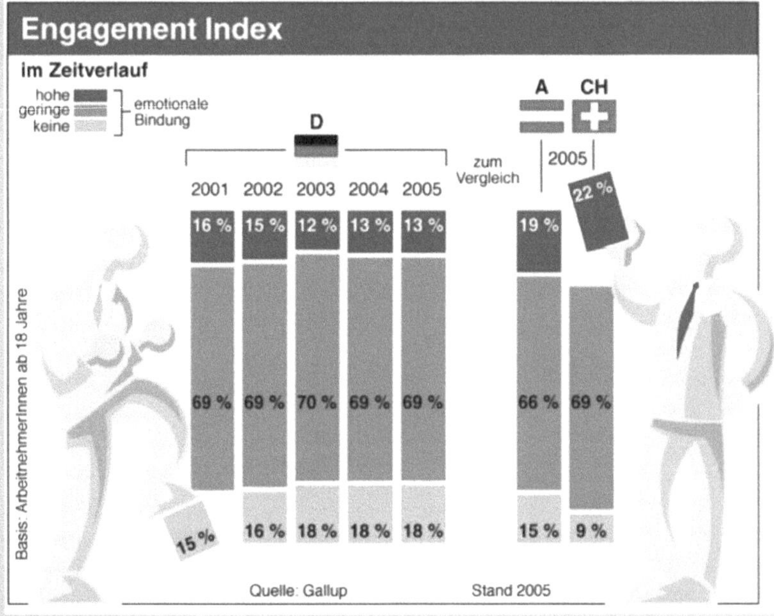

Engagement-Index (The Gallup Organization 2005)

Durch Menschenkenntnis besser kommunizieren

»Der Mangel an Menschenkenntnis ist eine der wichtigsten Führungsvoraussetzungen in der Politik.« Holger Börner

Dieser ironische oder gar zynisch vorgetragene Satz des ehemaligen hessischen Ministerpräsidenten mag auf Politiker in unterschiedlicher Ausprägung zutreffen. Leitungskräfte im Gesundheitswesen sollten jedoch über ein gewisses Maß an Selbst- und Menschenkenntnis verfügen, um sich selbst und andere Menschen – einschließlich ihrer Patienten – besser verstehen zu können.

Spätestens seit Johann K. Lavater (1741–1801) in seinen »Physiognomischen Fragmenten zur Beförderung der Menschenkenntnis und Menschenliebe« den Versuch unternahm, aus Körperformen den menschlichen Charakter zu erschließen, befinden wir uns auf der Suche nach einer »Theorie«, mit der wir Menschen besser einschätzen und beurteilen können. Wir wissen jedoch, Typologien bergen die Gefahr von unzulässigen Verallgemeinerungen. Beurteilungen auf der Grundlage einer Typologie verfestigen sich schnell zu Etiketten, es entstehen »Schubladen«, in die man Menschen einsortiert. Skeptiker argumentieren zu recht, es sei unmöglich, mit einer einfachen Typologie, die vier oder fünf Verhaltensstile umfasst, die Vielfalt aller möglichen Verhaltensweisen zu beschreiben. Wenn Sie also eine Typologie nutzen wollen, dürfen Sie sich nie auf dieses Raster allein verlassen.

Solange Sie sich der Tatsache bewusst bleiben, dass Typologien lediglich ein abstrahierendes Bild der Wirklichkeit darstellen, können sie eine sinnvolle Ergänzung zu persönlichen Gesprächen und individuellen Eindrücken und somit ein unterstützendes Hilfsinstrument bei der Einschätzung eines Menschen sein.

Eine Typologie – und das gilt auch für das Insights®-Modell, das wir Ihnen als ein Beispiel für den Nutzen des Einsatzes von Persönlichkeitstypologien im beruflichen Bereich vorstellen wollen – wird der Komplexität menschlichen Verhaltens nie gerecht. Sie dient aber der Wahrnehmung bestimmter menschlicher Verhaltenspräferenzen.

8.1 Vom Nutzen der Menschenkenntnis

Stellen wir uns eine sehr willensstarke und dominante Ärztin vor. Eine ihrer Stärken in der Gesprächsführung liegt im zielgerichteten Vorgehen. Sie übernimmt gern die Verantwortung für die Gesprächsführung und liebt es, wenn am Gesprächsende die Aufgaben klar verteilt sind. Diese Persönlichkeitsstruktur darf durchaus als eine Stärke bezeichnet werden, etwa wenn in kritischen Situationen schnell eine Entscheidung über die weitere Behandlung getroffen werden muss. Was passiert dagegen, wenn die dominante Ärztin im Gespräch mit einem verängstigten Patienten diesen durch ihr bestimmendes Auftreten noch mehr verunsichert? Was geschieht, wenn sie in einem Konfliktlösungsgespräch auf eine ebenso dominante Assistentin trifft, so dass nun zwei Starrköpfe aufeinanderprallen?

Mögliche Folgen wären, dass in der Kommunikation mit dem sensiblen Patienten die für den Heilungsprozess so wichtige vertrauensvolle Zusammenarbeit zwischen Patient und Ärztin gänzlich unterbleibt und das Gespräch mit der Assistentin droht zu eskalieren, weil beide nicht in der Lage sind, sich auf die Position des Gegenübers einzulassen.

Würde die Ärztin ihre Verhaltenspräferenzen und ihre Wirkung auf andere Menschen einschätzen können und über ausreichende Menschenkenntnis verfügen, die persönlichkeitstypischen Verhaltensweisen des zurückhaltenden Patienten und der selbstbewussten Assistentin einordnen zu können, wären die Gespräche für alle Beteiligten weniger frustrierend verlaufen.

Eine kompetente Menschenkenntnis erfordert, sich unbefangen auf sein Gegenüber einzulassen, ihm zuhören zu wollen und auf diese

Weise möglichst viel von ihm zu erfahren. Diese Wissbegierde ist die Voraussetzung, um Menschenkenntnis zu entwickeln, die sich dann in einem lebenslangen Lernprozess aktualisiert.

8.2 Das Insights®-Modell und seine vier Grundtypen

Viele der zahlreich existierenden Typologien ähneln sich und gründen auf demselben Fundament. Zu den bewährten Erklärungsmodellen menschlichen Verhaltens gehört das Insights®-Modell, dessen Wurzeln bei dem Psychologen Carl Gustav Jung liegen und sich auf Erkenntnisse von Jolande Jacobi und dem US-amerikanischen Psychologen William Moultion Marston stützt. Durch das Insights® Management Development Instrument (MDI) können mittlerweile über 60 individuelle Persönlichkeitsprofile erfasst werden.

Wir bieten in Praxen, Kliniken und Pflegeeinrichtungen eine Potenzialanalyse mit Hilfe von Insights® MDI an, mit denen sich die Verhaltenspräferenzen von Menschen messen lassen. Die Verhaltensdiagnose beruht auf einem Fragebogen, auf dem Adjektive angekreuzt werden müssen und den wir mit Hilfe eines Computerprogramms auswerten.

Für Insights® gilt wie für jede Typologie: Durch das Modell können Sie nicht die gesamte Persönlichkeit eines Menschen, sondern immer nur einen definierten Verhaltenssausschnitt erfassen. Ein solches Modell ist immer nur dann sinnvoll, wenn Sie es nicht zum allgemeinen Maßstab erheben, nach dem Menschen abschließend in Kategorien eingeteilt werden, sondern durch andere Beurteilungen ergänzen.

Das Insights®-Modell bietet Ihnen in den Bereichen Mitarbeiterführung, Personalauswahl und Kommunikation eine relativ einfache Unterstützung und hat seine Leistungsfähigkeit im Pflegebereich bereits unter Beweis gestellt. Davon ist Prof. Dr. Dr. Wilfried von Eiff, Ge-

schäftsführer des Centrums für Krankenhaus-Management in Münster und Autor des Buches *Führung und Motivation in Krankenhäusern* überzeugt, der besonders die Vielseitigkeit hervorhebt: »Wir setzen diese Methode im Rahmen von Konfliktgesprächen ebenso erfolgreich ein wie zur Unterstützung von Total-Quality-Management-Programmen in Krankenhäusern« – in Programmen also, in denen es um die Qualitätssicherung in Krankenhäusern geht.

Die praktische Bedeutung des Modells zeigt sich anhand von vier Grundtypen (◘ Tab. 8.1), zu deren Beschreibung zahlreiche eingängige Metaphern herangezogen werden. So ist die Rede vom feuerroten, sonnengelben, erdgrünen und eisblauen Typ. Jedem Typ werden eine entsprechende Motivationsstruktur sowie bestimmte Schwächen und Stärken zugeschrieben:

- **Der feuerrote Typ** ist dominant, extrovertiert und fordernd, er tritt entschlossen und willensstark auf und geht sehr sachbezogen und zielgerichtet sowie ergebnisorientiert vor. Er tritt oft anderen Menschen gegenüber autoritär auf. Der risikofreudige Feuerrote ist voller Energie und findet seine Erfüllung in ständiger Aktivität und Handlungsbereitschaft (*dominanter Typ*).
- **Der sonnengelbe Typ** wird als initiativ, umgänglich und fröhlich, offen, überzeugend und redegewandt beschrieben. Er verfügt über eine positive Ausstrahlung und ist bemüht, mit anderen Menschen gute Beziehungen aufzubauen. Ebenso wie der feuerrote Typ ist er extrovertiert (*initiativer Typ*).
- **Der erdgrüne Typ** ist introvertiert veranlagt. Er kann als stetig, achtsam, mitfühlend und geduldig bezeichnet werden. Er gilt als beständig und zuverlässig und ist besorgt um das Wohl seiner Mitmenschen, mit denen er eine möglichst spannungsfreie und kooperative Beziehung aufbauen möchte. Er liebt eine Sicherheit bietende Umgebung, in der er sich auskennt und reagiert auf Unklarheiten negativ (*stetiger Typ*).

■ **Der eisblaue Typ** ist gewissenhaft und geht vorsichtig, besonnen und präzise vor. Er hinterfragt Informationen stets, um sich nicht den Vorwurf mangelnder Sorgfalt bzw. unüberlegten Handelns machen zu müssen. Er geht analytisch vor und ist introvertiert – daher wirkt er oft distanziert. Autoritäten gegenüber verhält er sich ablehnend (*gewissenhafter Typ*).

◘ **Tab. 8.1.** Die vier Grundtypen in der Übersicht. (Nach Scheelen, Scheelen-Institut, Waldshut-Tiengen)

	Merkmale	Stärken	Schwächen	Kommunikatives Verhalten	Tipps für den Umgang
Feuerrot	Dominant, fordernd, zielgerichtet, sach-/aufgabenorientiert, willensstark, extrovertiert	Sehr ziel- und praxisorientiert, ehrgeizig, erledigt Aufgaben selbständig, starke Kontrollhaltung	Blind für Alternativen, überrumpelt Gegenüber, hört zu wenig zu und findet keinen Zugang zum Gesprächspartner	Geht entschlossen vor und akzeptiert kein »Nein«, benötigt zur Entscheidung Fakten, Zahlen und konkrete Informationen, übernimmt sofort Gesprächsführung	Im Gespräch konkret werden, nicht anpassungsbereit zeigen, auf Provokationen nicht eingehen, sachlich und argumentativ vorgehen
Sonnengelb	Initiativ, fröhlich, aufmunternd, offen, enthusiastisch, begeistert, beziehungs-/menschenorientiert, extrovertiert	Generalist, der zwischenmenschliche Beziehungen aufbauen will, große Ausstrahlung, positive Grundhaltung	Arbeitet ineffektiv, redet und verspricht zuviel, kann nicht »Nein« sagen, wirkt durch Redefluss aufdringlich, oberflächlich	Macht sich beim Gegenüber beliebt, will freundschaftliches Verhältnis aufbauen. Informiert zu wenig, stimmt schnell zu, sucht Kompromiss, meidet Konfrontation	Offen auf ihn eingehen, Gefühle zeigen, Begeisterung äußern, ihn in die Argumentation mit einbeziehen, Streit vermeiden
Erdgrün	Stetig, achtsam, mitfühlend, ermutigend, zuverlässig, beziehungs-/menschenorientiert, introvertiert	Beständig und zuverlässig, partnerschaftlich und kooperativ, hohe Loyalität, kann sich in andere Menschen hineinversetzen	Kommt mit Veränderungen nicht klar, ohne Risikobereitschaft, Sturheit, hält am Status quo fest, nimmt Chancen nicht wahr	Überlässt dem Gegenüber Initiative und Entscheidung, reagiert statt zu agieren, beeinflusst Gespräch kaum und liefert wenig persönliche Informationen	Zeit für Entscheidung lassen, durch persönliche Fragen in das Gespräch einbeziehen, sich als zuverlässig erweisen
Eisblau	Gewissenhaft, vorsichtig, präzise, hinterfragend, sach-/aufgabenorientiert, introvertiert	Maxime: »Erst nachdenken, dann handeln«, strukturiertes und logisches Vorgehen, sammelt Informationen	Wirkt ablehnend, analysiert zu viel, zu detailversessen und daher zu wenig handlungsorientiert	Bereitet sich gut vor, legt keinen Wert auf persönliche Beziehung, verlangt sachliche Hintergrundinformationen, überlässt Gegenüber die Gesprächsführung	Konkretes Feedback geben, Gefühlsäußerungen zurückhalten, sachlich informieren

Eine vermeintliche Stärke kann in eine Schwäche umschlagen, wenn eine Charaktereigenschaft zu stark ausgeprägt ist:

- Die zielgerichtete Dominanz des Feuerroten führt dazu, dass er seinem Gesprächspartner nicht richtig zuhört.
- Durch seine offene und initiative Art wirkt der sonnengelbe Typ auf andere Menschen oft aufdringlich.
- Der erdgrüne Typ hat Probleme, auf Veränderungen angemessen zu reagieren und meidet sie lieber.
- Der eisblaue Typ mit seiner sorgfältigen Art wirkt oft penibel bis zur Kleinlichkeit.

Die Kenntnis der Grundtypen bietet Ihnen eine erste Möglichkeit, sich selbst und Ihre Mitarbeiter einschätzen zu können. Natürlich gibt es in der Realität zahlreiche Mischformen – kein Typ tritt in Reinkultur auf. Außerdem sind die Beurteilungen abhängig vom Betrachter und schon allein deshalb zu relativieren.

Ein Beispiel soll dies verdeutlichen: Pfleger Herbert Müller entspricht dem eisblauen Typ und ist sehr ordentlich und gewissenhaft. Schwester Julia Schmidt hingegen darf als Chaotin bezeichnet werden. Pfleger Manfred Huber steht – was seine Ordnungsliebe anbelangt – zwischen beiden. Wie nun beurteilen der – nach der Insights®-Terminologie – »eisblaue« Pfleger und die »feuerrote« Chaotin ihren gemeinsamen Kollegen? Herbert Müller bezeichnet Manfred Huber als unordentlichen Menschen, während Julia Schmidt ihn als Pedanten tituliert. Beide haben Recht – denn jeder betrachtet den Kollegen Huber durch seine jeweils subjektiv gefärbte »Brille«.

Einsatzbereiche des Modells

Dieses Analysewerkzeug gibt einen Überblick über Ihre Verhaltenspräferenzen, Stärken und Fähigkeiten. Sie erfahren zudem, wie Sie auf andere wirken. Wenn Sie beispielsweise nach der Analyse dem sonnengelben Typus zugeteilt werden, würden Sie vielleicht erkennen, dass Sie aufgrund Ihrer kommunikativen Art auf andere Menschen aufdringlich wirken könnten. Außerdem können die meisten Sonnengelben schlecht »Nein« sagen, was von einigen Mitarbeitern möglicherweise ausgenutzt wird. Sie haben nun die Möglichkeit, an Ihrer Außenwirkung zu arbeiten und Schwächen abzustellen.

Einsatzbereich »Mitarbeiterführung«

Mit Hilfe des Modells erfahren Sie, über welche besonderen Fähigkeiten, Stärken und Schwächen Ihre Mitarbeiter verfügen. Auf diese Weise wird der Umgang mit einem Mitarbeiter erleichtert. Sie können nun einschätzen, wie Sie mit ihm optimal kommunizieren. Nehmen wir als Beispiel das Kritikgespräch, in dem eine besonders sensible Vorgehensweise gefragt ist.

- Im Gespräch mit dem feuerroten Mitarbeiter etwa sollten Sie sehr konkret werden. Der feuerrote Typ reagiert in Stresssituationen – wie es ein Kritikgespräch ja durchaus ist – oft aggressiv und ungeduldig, vor allem dann, wenn er die Kritik als ungerechtfertigt interpretiert. Sie sollten Ihre Kritik daher ausreichend begründen und dem Mitarbeiter klar verdeutlichen, welche Folgen sein Verhalten hat. Wird der Mitarbeiter erfolgreich überzeugt, sein kritikwürdiges Verhalten abzustellen, wird die Zielorientierung des Feuerroten zu einer aktiven Mitarbeit an der Verhaltensänderung führen.
- Bei dem sonnengelben Mitarbeiter hingegen, der auf den Aufbau guter Beziehungen zu anderen Menschen großen Wert legt, besteht die Gefahr, dass er die Kritik als persönlichen Angriff missversteht. Zudem ist er geneigt, problematische und konfliktträchtige Angelegenheiten zu ignorieren. Sie müssen Ihre Kritik daher entsprechend behutsam vorbringen. Sie sollten in dem Kritikgespräch

neben dem sachlichen Aspekt stets die Beziehungsebene thematisieren, da die sonnengelbe Persönlichkeit sehr gefühlsbetont reagiert. Betonen Sie Ihr Interesse als Leitungskraft an der Meinung des sonnengelben Mitarbeiters zu dem Konflikt.

- Der gewissenhafte erdgrüne Typ reagiert auf Kritik oft sehr verunsichert und nimmt sie wie ein Urteil hin. Motivieren Sie ihn bei der Konfliktlösung zur aktiven Teilnahme. Das gelingt am besten, wenn Sie dem erdgrünen Mitarbeiter alle wichtigen Hintergrundinformationen zu dem Konflikt offen darlegen.
- Der gewissenhafte eisblaue Typ schließlich neigt dazu, Ihre Kritik übergenau zu analysieren und sich an der Kritik »festzubeißen«. Ihre Aufgabe besteht vor allem darin, ihn von der Konfliktanalyse zur Konfliktlösung zu führen. Da der eisblaue vorsichtige Mitarbeiter oft die Übernahme von Verantwortung scheut, sollten Sie ihn bei der Konfliktlösung nicht allein lassen und unterstützen.

Einsatzbereich »Personalauswahl«

Das Beispiel »Kritikgespräch« zeigt, dass Leitungskräfte mit Hilfe der Insights®-Analyse Mitarbeiter in ihrem Umgang mit Kritik besser einschätzen und hilfreiche Hinweise für das angemessene Verhalten bei der Mitarbeiterführung erhalten.

Ebenso können Sie bei der Einstellung und Einarbeitung neuer Mitarbeiter überprüfen, inwiefern das Verhaltensprofil des »Neuen« und das Anforderungsprofil übereinstimmen. Dadurch ist es möglich, den geeigneten Mitarbeiter für die jeweilige Stelle zu finden. Beispielsweise ist es nicht sinnvoll, einem eisblauen sachorientierten Mitarbeiter eine Aufgabe zu übertragen, bei der er sehr viel Kontakt mit ihm unbekannten Menschen haben wird. Besser geeignet für diese Aufgaben ist der sonnengelbe und kommunikative Typ.

In unseren Kursen erzählte uns ein Oberarzt einmal von seinem Wunsch, sein Pflegeteam durch eine initiativreiche und schwungvolle (sonnengelbe) Assistentin zu ergänzen, weil die meisten Mitarbeiter eher dem dominanten (feuerroten) und gewissenhaften (eisblauen) Typ zuzurechnen waren. Er war von der Nützlichkeit überzeugt, bestimmte Patienten von einer kommunikationsfreudigen Mitarbeiterin betreuen zu lassen, die das vertrauliche Gespräch mit den Patienten sucht.

Ein anderes Beispiel: Auf der gynäkologischen Station einer Klinik sollte eine Krankenschwester zur Lehrschwester weitergebildet werden, um die Ausbildung der Krankenpflegeschülerinnen zu übernehmen. Die verantwortliche Leitungskraft wollte dafür eine Schwester auswählen, die zur Kooperation fähig, gleichzeitig aber zielstrebig veranlagt war. Gewünscht war eine Mischung aus erdgrünem und feuerrotem Typus. Mit Hilfe der Insights®-Analyse stellten wir fest, welche der Schwestern diesem Anforderungsprofil nahe kam. Natürlich musste diese Einschätzung durch weitere Fakten und Erkenntnisse gefestigt werden, die wir in Einzelgesprächen mit den in Frage kommenden Schwestern gewinnen konnten.

Einsatzbereich »Teamentwicklung«

Für die Zusammenarbeit von Mitarbeitern lassen sich ebenso anhand der Analyseergebnisse die besonderen Fähigkeiten der Teammitglieder einordnen und aufeinander abstimmen. Sie stellen sich vielleicht vor, im Interesse einer optimalen Aufgabenerfüllung sollte ein Team mit möglichst unterschiedlichen Persönlichkeitstypen zusammengestellt werden. Hier könnte jedes Teammitglied seine individuellen Stärken einbringen, die sich gegenseitig ergänzen.

Bedenken Sie allerdings, wenn Ihr extrovertierter feuerroter Mitarbeiter und die vorsichtige eisblaue Assistentin gemeinsam eine Aufgabe bearbeiten sollen, droht der willensstarke Mitarbeiter die zurückhaltende Kollegin zu dominieren. Mit diesem Wissen können Sie bei der Teamzusammenstellung darauf achten, dass diese zwei Mitarbeiter nicht allzu eng zusammen arbeiten müssen.

Sie sollten zunächst in der persönlichen Begegnung ausloten, mit welcher Persönlichkeit Sie es zu tun haben. Sie dürfen dabei nicht vorschnell urteilen, sondern müssen genau beobachten und sich in den anderen Menschen einzufühlen versuchen. Die Insights®-Analyse hilft Ihnen dabei, die Bebachtungen zu überprüfen, zu festigen und zu erweitern.

✒ Nehmen Sie sich Zeit zum Nachdenken

Bei der Insights®-Analyse benötigen Sie professionelle Unterstützung von Trainern, die mit Ihren Mitarbeitern und Ihnen einen Test machen. Überlegen Sie, ob Sie diesen Test durchführen lassen wollen.

Meine wichtigsten Erkenntnisse:

So setze ich das Gelesene um:

Mitarbeitergespräche professionell führen

»Es ist in vielen Dingen eine schlimme Sache um die Gewohnheit. Sie macht, dass man Unrecht für Recht und Irrtum für Wahrheit hält.« Georg Christoph Lichtenberg

Wir möchten Ihnen nun darstellen, wie Sie verschiedene Gesprächssituationen mit Ihren Mitarbeitern so durchführen, dass Sie Ihre Gesprächsziele erreichen, und zwar im:

- Zielvereinbarungsgespräch
- Beurteilungsgespräch
- Unterstützungsgespräch
- Motivationsgespräch
- Kritikgespräch
- Feedbackgespräch
- Delegationsgespräch
- Einstellungsgespräch
- Kündigungsgespräch
- Betriebsklima-Meeting und der Erfolgskonferenz

9.1 Zielvereinbarungen richtig planen: das Zielvereinbarungsgespräch

Viele Ärzte und nichtmedizinische Führungskräfte bedienen sich häufig eines Musters aus der Informationstechnologie: aktuelle Ziele eingeben, Entertaste drücken – und hoffen, dass das Ergebnis den Vorgaben entspricht. Es kommt leider immer noch vor, dass Ärzte die Ziele festlegen, ohne ihren Mitarbeitern ein Mitspracherecht einzuräumen. Die Mitarbeiter stehen nicht hinter den Zielen, da es nicht ihre eigenen sind.

Wir empfehlen Ihnen, die Zielvereinbarungen auf Handlungen zu reduzieren, die nachprüfbar sowie zeitlich überschaubar und qualitativ klar beschrieben sind und mit denen sich Ihre Mitarbeiter einverstanden erklären. Sie vereinbaren also mit jedem Mitarbeiter konkrete Maßnahmen, die an seine individuelle Situation angepasst sind. Eine Aktivitätenliste mit überschaubaren operativen Teilzielen wird von Ihrem Mitarbeiter eher als erreichbar eingestuft als ein »übergroßes« Ziel.

Sinnvoll ist es, die aktivitätenbasierten Ziele in eine Kultur gegenseitiger Versprechen oder Verpflichtungen (engl. commitment) einzubetten.

Nehmen wir als Beispiel das Ziel einer gynäkologischen Praxis, das patientengeleitete Verhalten zu erhöhen. Sie können in vier Schritten vorgehen:

- **Schritt 1 – Analyse der Ist-Situation:** Bitte fragen Sie sich, wie die Ziele in der Vergangenheit vereinbart wurden, wie die daraus resultierenden Ergebnisse aussahen und woran es lag, dass Ziele nicht realisiert werden konnten. Je detaillierter Ihre Analyse ausfällt, desto mehr Anhaltspunkte für die Aktivitätenplanung gewinnen Sie.
- **Schritt 2 – Aktivitätenplanung:** Überlegen Sie gemeinsam, was dazu notwendig ist, damit die Patientinnen an ihre Vorsorgeuntersuchungen erinnert werden. Beispielsweise können Sie beim Praxisbesuch nochmals darauf hinweisen, Erinnerungskarten verschicken, telefonisch kontaktieren, auf der Homepage und in Broschüren auf die Bedeutung der Untersuchungen hinweisen.
- **Schritt 3 – Ergebnisüberprüfung:** Überprüfen Sie abschließend das Ergebnis der Aktivitätenplanung, am besten einmal im Quartal (sog. Maßnahmencontrolling). Diskutieren Sie über die Gründe, warum die Arzthelferin das vereinbarte Ziel nicht erreicht hat. Vielleicht benötigt sie Unterstützung, etwa durch eine erfahrene Kollegin.
- **Schritt 4 – Maßnahmenplan:** Legen Sie mit der Mitarbeiterin Maßnahmen fest, die ihr helfen, die Vereinbarungen zu erreichen. Diese beeinhalten ihren Eigenanteil sowie das Ausmaß zusätzlicher Unterstützung.

Lassen Sie uns noch mal rekapitulieren: Als Konsequenz aus dem Zielvereinbarungsgespräch werden die Aktivitäten sehr konkret formuliert und in ein Zeitschema gebracht.

Abschließend erfolgt die Zustimmung und das Commitment, das »Ja-Wort« Ihrer Mitarbeiterin, dass die beschlossenen Aktivitäten aus ihrer Sicht durchführbar sind.

Sie sollten bereits *im Vorfeld* mit Ihrer Mitarbeiterin mögliche Hindernisse besprechen, die sie von der Vereinbarung abhalten könnte, etwa Zeitmangel. Sie entwickeln eine Lösung, z. B. die Erinnerungstelefonate in einem Aufgabenpaket zu bündeln, um damit Zeit zu sparen. Die Assistentin kann nun nicht auf die Begründung verweisen, sie habe keine Zeit – für dieses Problem existiert ja bereits eine Lösung. Falls sie eine andere Begründung vorbringt, entwickeln Sie wiederum eine Alternativlösung.

In einer gedeihenden Commitment-(Verpflichtungs)-Kultur stehen wiederholt Feedbackgespräche mit den Mitarbeitern an, in denen die zahlreichen überschaubaren Teilziele im Mittelpunkt stehen. Gelingt Ihren Mitarbeitern die Realisierung hingegen nicht, steht die Diskussion konstruktiver Verbesserungsvorschläge im Vordergrund. Eine klug organisierte Commitment-Kultur stärkt als angenehmer Nebeneffekt das Selbstbewusstsein Ihrer Mitarbeiter.

Commitment – Kultur und aktivitätenbasierte Mitarbeiterführung bewirken eine Erweiterung Ihrer regelmäßig stattfindenden Zielvereinbarungsgespräche.

9.2 Mitarbeiter richtig beurteilen: das Beurteilungsgespräch

Ihre Mitarbeiter wollen wissen, wie weit sie in ihrer Entwicklung vorangekommen sind, wo ihr Platz im Team ist und welche Erwartungen an Sie gestellt werden. Dies lässt sich in einem Beurteilungsgespräch kommunizieren, in dem der aktuelle und zukünftige Leistungsstand des Mitarbeiters, die entsprechenden Fördermöglichkeiten und häufig Gehaltsfragen im Vordergrund stehen. Zum »Leistungsstand« gehört neben dem Arbeitsverhalten die soziale Kompetenz des Mitarbeiters, also der Umgang mit Kollegen, Patienten und Vorgesetzten oder das Verhalten in Krisen-

und Stresssituationen. Ihr Mitarbeiter sollte nach dem Beurteilungsgespräch anhand klarer und nachvollziehbarer Kriterien seinen Stellenwert im Team einschätzen können. Sie müssen bereits vor dem Gespräch dafür Kriterien definieren und auf dieser Basis eine Beurteilung erstellen.

In dem Gespräch selbst teilen Sie zunächst einmal Ihre Beurteilung mit. Die Grundsätze der wertschätzenden Gesprächsführung helfen vor allem bei negativen, die Persönlichkeit der Assistentin betreffenden Punkten innerhalb der Beurteilung. Bei Ablehnung ihrerseits eignen sich die besprochenen Fragetechniken, um den Gründen für ihre Sichtweise nachzuspüren.

Das personenspezifische Vorgehen spielt im Beurteilungsgespräch eine große Rolle. Analysieren Sie möglichst genau, welche Persönlichkeitsstruktur ein Mitarbeiter hat und stimmen Sie Ihre Gesprächsführung darauf ab. Ein Beispiel: Während Sie im Gespräch mit einem an sich zweifelnden Mitarbeiter gleich in der Einstiegsphase mit Lob und Anerkennung arbeiten, um erst dann auf die schlechten Arbeitsergebnisse einzugehen, können Sie bei einem selbstbewussten Mitarbeiter mit Ihrer Kritik sofort ansetzen. Zu viel Lob und Anerkennung, gleich zu Beginn des Gesprächs geäußert, könnte diesen Mitarbeiter zur Selbstüberschätzung verleiten.

9.3 Unterstützen Sie Ihre Mitarbeiter: das Unterstützungsgespräch

Das Unterstützungsgespräch ist vor allem für Mitarbeiter wichtig, die gerade erst eingestellt worden sind oder neue Aufgaben in Klinik oder Praxis übernehmen. Sie müssen also nicht motiviert werden, sondern sollen bei der Einschätzung ihres Leistungspotenzials unterstützt werden.

Nutzen Sie die Vorbereitungsphase, um sich über die Stärken und Schwächen des Mitarbeiters und sein Aufgabengebiet zu informieren. Das Gespräch dient später dazu, ihm seine Stärken und Schwächen bewusst zu machen und mit ihm gemeinsam zur konkreten Festlegung seines Aufgabengebietes zu gelangen. Bedienen Sie sich dazu der Fragetechniken und der Ich-Botschaften:

»Ich bin der Meinung, dass Sie Ihre Stärken vor allem im Beratungsgespräch mit den Patienten zur Geltung bringen können. Was halten Sie davon? Ich schlage vor, dass Sie eine entsprechende Fortbildungsmaßnahme besuchen.«

Während im Beurteilungsgespräch erbrachte Leistungen bewertet werden, gleichen Sie im *Qualifizierungsgespräch* die Fähigkeiten und Entwicklungspotenziale eines Mitarbeiters mit dem Anforderungsprofil ab. Besprechen Sie mit Ihren Mitarbeitern Möglichkeiten der Förderung und Qualifizierung mittels konkreter Weiterbildungsmaßnahmen. Von besonderer Bedeutung ist die Darstellung eigener Stärken und Schwächen der jeweiligen Mitarbeiter. Unterstützen Sie diese, legen Sie aber auch Ihre eigene Sichtweise dar. Die erforderlichen Qualifizierungsmaßnahmen sollten als positive Zusammenfassung des Unterstützungsgespräches nachwirken.

9.4 Motivationsstruktur erkennen, Demotivation verhindern: das Motivationsgespräch

Ihre Mitarbeiter sind Persönlichkeiten mit individuellen Wertvorstellungen. Betrachten Sie sie als gleichberechtigten Partner und nicht als von außen zu führende und anzuleitende Personen. Sie sollten eine der jeweiligen Persönlichkeit entsprechende sehr differenzierte Motivation in Erwägung ziehen. Voraussetzung für ein effektives Motivationsgespräch ist die Kenntnis, wodurch sich Ihr Mitarbeiter überhaupt motivieren lässt.

Schritt 1: Motivationsstruktur erkennen

Die Motivationsmöglichkeiten sind mannigfaltig. Die meisten Leitungskräfte betrachten Geld jedoch als Hauptstimulus. Sicher sollte eine ausreichende finanzielle Grund(ab)sicherung dem Mitarbeiter aufgrund seiner Tätigkeit möglich sein. Arbeitnehmer wünschen sich allerdings, verschiedener Untersuchungen zufolge, vor allem Anerkennung für ihre geleistete Arbeit. In der Häufigkeit ihrer Wünsche folgen genaue Kenntnis des Produkts und der Unternehmensziele sowie Verständnis für private Sorgen. Erst an vierter Stelle steht das Einkommen!

Jeder Arzt wird in seinem Praxisteam Menschen unterschiedlichster Motivationsprägung vorfinden.

Was nützt die alleinige finanzielle Motivation bei einer Assistentin, die vor allem in Teamarbeit ihren Anreiz sieht? Eine andere Kollegin erbringt dann Höchstleistungen, wenn sie Aufgaben in Eigenregie erledigen kann.

Im Mittelpunkt der Überlegungen zur Motivationsstruktur Ihres Mitarbeiters sollte die Überzeugung stehen, dass jeder Mensch aufgrund seiner Einzigartigkeit über einen individuellen Mix an Motivativationsstimuli verfügt. Diesen sollten Sie am besten vor dem Motivationsgespräch erkennen!

Schritt 2: Unterschiedliche Motivatoren differenziert einsetzen

Wer einen sinnbildlichen Motivatoren-Cocktail mixen möchte, muss wissen, welche »Zutaten« zur Verfügung stehen.

- Das Motivationsmuster »**Leistung/Tätigkeit/ Selbstverwirklichung**«: Eine befriedigende Arbeit, die Raum bietet zur freien Entfaltung der eigenen Leistungsmöglichkeiten, zum Ausleben der dem Mitarbeiter wichtigen Werte und dem Erreichen selbst gesetzter Ziele dient. Dieser Aspekt hat die meisten interindividuellen Unterschiede.
- Das Motivationsmuster »**Identifikation mit der Praxis und ihren Zielen**«: Voraussetzung

ist das Vorhandensein einer klaren Praxisphilosophie.

- Das Motivationsmuster **»Wir-Gefühl/Kontaktbedürfnis«**: Nicht jeder Mitarbeiter möchte, allegorisch betrachtet, in das Team-Boot einsteigen, so mancher bevorzugt den einsitzigen Kajak. Stark individualistisch geprägte Mitarbeiter erfordern eine andere Vorgehensweise als diejenigen, die eher altruistisch eingestellt sind.
- Das Motivationsmuster **»Lob/Verstärkung«**: Die »richtige Lobdosierung« sollte unterschiedlich sein. Der antriebsschwache Mitarbeiter benötigt mehr Lob als die selbstsichere Assistentin, die über ein hohes Maß an Eigenmotivation verfügt. Bei ihr kann ein Zuviel an systematischem Lob sogar kontraproduktiv wirken – sie wird sich fragen, ob es ehrlich gemeint ist.
- Das Motivationsmuster **»Finanzielle Verstärkung«**: Entscheidend ist, ob die Motivationsstruktur des Mitarbeiters vom Besitz materieller Dinge allein beeinflusst wird oder ob sie ihre Bedeutung vom jeweils angestrebten Ziel (etwa soziale Anerkennung, Hausbesitz, Sicherheitsbedürfnis) erhält.
- Das Motivationsmuster **»Status/Geltung/ Macht«**: Bei sehr ehrgeizigen Mitarbeitern dominiert dieses Muster häufig.
- Das Motivationsmuster **»Kreativitätsentfaltung«**: jeder Mensch befriedigt als homo ludens (»spielender Mensch«) gerne seinen Spiel- und Kreativitätstrieb. Vielen Mitarbeitern ist ihr Arbeitsplatz vor allem deshalb wichtig, weil sie dort ihre Kreativität entfalten können.
- Das Motivationsmuster **»Privatleben«**: Für viele Menschen besitzen Freizeit und Familienleben einen hohen Stellenwert. In dem Motivationsgespräch sollten Sie bedenken, dass sich die Motivationsstruktur des Mitarbeiters wahrscheinlich nicht allein aus beruflichen Quellen speist.

Schritt 3: Motivierende Ziele setzen

Ziel des Motivationsgesprächs ist die Mobilisierung des Mitarbeiters zu besseren Leistungen und ihm Gründe zu nennen, sich in Klinik oder Praxis zu engagieren.

Zu Beginn des Motivationsgesprächs sollten Sie daher ein Ziel benennen und dem Mitarbeiter bildlich vor Augen führen, was sein maximales Leistungsniveau für ihn und die Praxis bedeutet. Das Ziel sollte begeisternd formuliert sein: »Stellen Sie sich nur die Folgen vor, wenn es uns gelingt, die Patienten hundertprozentig zufrieden zu stellen oder gar zu begeistern!«

Binden Sie den Mitarbeiter aktiv in den Zielfindungsprozess ein: »Was, glauben Sie, könnten Sie dazu beitragen, diese absolute Patientenfreundlichkeit zu verwirklichen?« Ihr Mitarbeiter fühlt sich ernst genommen und kann Vorschläge unterbreiten, welche Möglichkeiten ihm in seinem Tätigkeitsbereich offen stehen, einen persönlichen Beitrag zur Zielerreichung zu leisten. Wenn der Mitarbeiter das angestrebte Ziel als persönliche Herausforderung begreift, wird sein Engagement zur Realisierung deutlich höher sein. Jeder Mensch verfolgt seine eigenen Ideen und Ziele mit größerem Engagement als die ihm vorgegebenen.

Sie sollten an geeigneter Stelle berechtigtes Lob für in der Vergangenheit geleistete Arbeit aussprechen: »Sie haben ja im letzten Quartal bewiesen, dass bei Ihnen Orientierung am Patienten im Vordergrund steht!« Geben Sie neben dem Lob weitere Anreize wie Karrierechancen, Selbstverwirklichung oder finanziellen Bonus. Dabei hilft Ihnen Ihre Kenntnis der individuellen Motivationsstruktur des Mitarbeiters weiter.

Demotivation verhindern

Die Notwendigkeit eines Motivationsgesprächs ergibt sich häufig, weil ein Mitarbeiter demotiviert ist. Die Hauptgründe dafür sind Über- bzw. Unterforderung. Nicht immer sind die Gründe der Demotivation auf den ersten Blick zu erkennen. Im Motivationsgespräch müssen Sie in einem solchen Fall die Ursachen für die Demotivation offen legen. Versetzen Sie sich in die Situation des Mitarbeiters, um sich zur Motivationsbarriere voranzutasten.

Stellen Sie vor allem offene Frage, um die Gründe für die Demotivation zu erfahren. Diese Ursachen sind dem Mitarbeiter häufig selbst nicht bewusst. Hören Sie deshalb aktiv zu.

Leitfaden für das Motivationsgespräch

- Individuelle Motivationsstruktur des Mitarbeiters feststellen (in einem Vorgespräch)
- Gesprächsanlass für Motivationsgespräch festlegen, vor allem, wenn es Anzeichen für Demotivation gibt· Gesprächsziel(e) formulieren; dabei Motivationsstruktur berücksichtigen
- Mit Mitarbeiter gemeinsam motivierende Ziele festlegen
- Bei Demotivation: Ursachen feststellen und Demotivationsfaktoren beseitigen
- Gespräch mit klaren Zielvereinbarungen beenden

9.5 Kritisieren Sie Ihre Mitarbeiter produktiv: das Kritikgespräch

Einen der häufigsten Gründe für eine Demotivation stellt unangemessen vorgetragene Kritik durch Vorgesetzte dar. Diese bringen Kritik »verdeckt« vor, kritisieren unsachlich und stellen persönliche Angriffe in den Mittelpunkt.

Natürlich ist ein Arzt zuallererst ein hoch qualifizierter Fachmann – und kein Konfliktlöser. Sie wissen bereits, dass Kritik konstruktiv wirken kann, wenn Sie das Kritikgespräch als

Chance begreifen. Begegnen Sie sich mit dem kritisierten Mitarbeiter gemeinsam auf die Suche nach einer Problemlösung, die der Verbesserung der Arbeitsbedingungen und des Mitarbeiterengagements dient. Dies ist realisierbar, wenn Sie im Kritikgespräch die Grundsätze der produktiven Kritik (nach Hendrie Weisinger) beachten. Wir wollen dies an dem Beispiel »Fehler bei der Terminvereinbarung« verdeutlichen:

- **Gespräch vorbereiten:** Produktive Kritik ist aktiv planend; sie will einen unbefriedigenden Ist-Zustand einem bestimmten Soll-Zustand annähern. Sie müssen sich die Ziele des Kritikgepräches verdeutlichen: Was und wen wollen Sie weshalb kritisieren, was soll die Kritik bewirken und welche Schritte sind dazu notwendig?
- **Gespräch positiv eröffnen:** Das Kritikgespräch findet immer zwischen zwei Personen, quasi unter vier Augen und in ruhiger Atmosphäre statt. Konfrontieren Sie den Mitarbeiter nicht gleich mit dem Kritikanlass, sondern sprechen Sie zuerst ein unverfängliches Thema an. Gehen Sie auf die Stärken des Mitarbeiters ein: »Ich bin mit Ihren Leistungen wirklich zufrieden, z. B. »Heute möchte ich mit Ihnen jedoch über das Thema Terminvereinbarung sprechen.«
- **Kritikpunkt mit Hilfe von Ich-Botschaft benennen:** Machen Sie keine vagen Andeutungen, tragen Sie den Kritikanlass deutlich vor: »Ich bin der Meinung, wir können Ihr Vorgehen bei der telefonischen Terminvereinbarung verbessern. Ich habe beobachtet, dass Sie in diesem Bereich Probleme haben.«
- **Sachlich bleiben:** »Ich bin dankbar für die schärfste Kritik, wenn sie nur sachlich bleibt« – so Otto von Bismarck 1874. Im Mittelpunkt des Kritikgesprächs steht der sachliche Aspekt. Benennen Sie die Tatsachen und versuchen Sie den Ursachen für das kritisierte Verhalten nachzuspüren. Vermeiden Sie jeden Anschein eines persönlichen Angriffs. Ihr Mitarbeiter merkt auf diese Weise: »Der

Chef zweifelt nicht an mir als Person, er will mir in der Sache helfen.«

- **Kritisieren durch Fragen:** Die Kritik verliert an Schärfe, indem Sie diese in Frageform vorbringen. Gleichzeitig beziehen Sie den Mitarbeiter in den Problemlösungsprozess mit ein: »Könnte es sein, dass ...« oder »Was wäre, wenn Sie bei der Terminvereinbarung berücksichtigen ...«
- **Interaktion ermöglichen:** Ihr Mitarbeiter muss die Gelegenheit erhalten, sich in einem offenen Dialog argumentativ zu dem Sachverhalt zu äußern. Bitten Sie ihn, diesen aus seiner Perspektive zu schildern.

Ziel des produktiven Kritikgesprächs ist, zu einer Zielvereinbarung zu gelangen, mit der sich der Mitarbeiter einverstanden erklärt und durch die das kritisierte Verhalten zukünftig unwahrscheinlich wird: »Wir bitten jetzt gleich die Kollegin, Sie eine Zeit lang bei der telefonischen Terminvereinbarung zu unterstützen.« Die Umsetzung sollte später überprüft werden.

Leitfaden für das Kritikgespräch

- Konkrete Situation und Mentalität des kritisierten Mitarbeiters beachten
- Kritikgespräch vorbereiten: Gesprächsziele benennen, Gesprächsstrategie entwickeln, Termin und störungsfreien Ort festlegen
- Positive Gesprächseröffnung
- Kritikanlass klar formulieren
- Sachlich bleiben und Gründe für kritisiertes Verhalten suchen
- Kritik in Form von Fragen vorbringen und Dialog mit Mitarbeiter aufbauen
- Den Fehler verurteilen, nicht den Menschen
- Lob und Anerkennung einsetzen
- Zukunftsfähige Problemlösung und Zielvereinbarung gemeinsam festlegen

9.6 Im Feedbackgespräch Rückmeldung geben

Bisher haben wir zwei Arten der Rückmeldung kennengelernt, die scheinbar diametral sind: die produktiv-konstruktive Kritik sowie Lob und Anerkennung. Vernachlässigen Sie nicht die dritte Alternative: das Feedbackgespräch.

Sie sollten die verschiedenen Techniken der Rückmeldung abgestuft einsetzen: erst loben und anerkennen, dann Feedback geben und Verhaltensveränderungen initiieren, schließlich kritisieren.

Viele in der Mitarbeiterführung unerfahrene Ärzte geben ihren Mitarbeitern vor allem dann Rückmeldung, wenn etwas nicht wie gewünscht funktioniert. Sie sollten lieber erfolgreiche Handlungen herausstellen und loben. Die motivierende Wirkung des Lobes entfaltet sich vor allem mit einer ergänzenden Begründung und Legitimation mittels Fakten. Der Mitarbeiter spürt dann, dass es ehrlich gemeint ist. Zudem können Sie W-Frage stellen: »*Wie haben Sie es nur geschafft, die Patienten zu beruhigen, die wegen des Notfalls heute so lange warten mussten?*« Sie eröffnen dem Mitarbeiter die Möglichkeit, den Erfolg zu genießen, indem er ausführlich über ihn berichten darf.

Das Feedbackgespräch verfolgt das Ziel, dass Mitarbeiter *bewusst* ihr Verhalten ändern. Wahrscheinlich kennen Sie die folgende Situation: »Jetzt muss die Mitarbeiterin an der Rezeption doch endlich einsehen, dass sie denselben Fehler immer wieder macht: Ich habe ihr doch schon tausend Mal gesagt, was sie ändern muss!« Sie macht weiter wie bisher, weil erzwungene Verhaltensveränderungen nicht die gleiche Wirkung zeigen wie die aus eigener Einsicht initiierten.

Wenn Sie die folgenden Grundregeln für erfolgreiches Feedback berücksichtigen, wird durch Ihre behutsame Vorgehensweise ein Reflexionsprozess in Gang gesetzt, durch den sich der Mitarbeiter selbst von der Notwendigkeit der Verhaltensänderung überzeugen kann:

- Ich bin ehrlich in meinen Äußerungen.
- Ich gehe mit dem Gesprächspartner fair um, bleibe sachlich, wähle wertfreie Formulierungen und vermeide Verallgemeinerungen und Vorwürfe.
- Ich gebe *meinen* Eindruck in der »Ich-Form« wieder.
- Ich äußere zuerst und detailliert, was mir gefallen hat und sorge so für einen positiven Gesprächseinstieg.
- Ich äußere meine Eindrücke anhand konkreter Beispiele und persönlicher Beobachtungen.
- Ich frage den Gesprächspartner, ob das Feedback erwünscht ist.
- Ich spreche niemals die Identitätsebene, sondern stets die Verhaltensebene an (nie die Person, sondern die Handlung kritisieren).
- Das Feedbackgespräch findet unter vier Augen statt.
- Ich reagiere nie aus einer Emotion heraus, um mit klarem Kopf in das Gespräch gehen zu können.

Feedbackgespräche durchführen

Sie sollten davon überzeugt sein, dass es in der Verantwortung des Mitarbeiters selbst liegt, seine Verhaltensweisen zu analysieren, zu überprüfen und zu ändern. Sie sollten dabei die »Schritte angemessenen Feedbacks« beachten – dies möchten wir Ihnen anhand eines Beispiels erläutern:

- **Schritt 1:** Sie stellen bei einer Assistentin ein störendes Verhalten fest. Einige Patienten haben sich über ihr unhöfliches Verhalten beschwert. Sie setzen kein Kritikgespräch an, sondern überlegen, welches Verhalten aus Ihrer Sicht wünschenswert wäre.
- **Schritt 2:** Sie formulieren das konkrete Ziel. Die Assistentin sollte die Höflichkeit gegen-

über dem Patienten in den Vordergrund stellen.

- **Schritt 3:** Erst jetzt suchen Sie das Gespräch. Im Mittelpunkt steht dabei nicht das Verhalten der Assistentin – also die Unhöflichkeit –, sondern die Zielsetzung einer verbesserten Beziehung zum Patienten. Beginnen Sie beispielsweise das Gespräch mit der Formulierung: »Mein Ziel ist die Verbesserung der Patientenbeziehungen.«
- **Schritt 4:** Nun fragen Sie die Assistentin nach ihren Lösungsvorschlägen und bitten sie um Ideen, wie das angestrebte Ziel ihrer Meinung nach erreicht werden kann. Wahrscheinlich wird sie den Aspekt »Höflichkeit« selbst ansprechen – falls nicht, tun Sie es.
- **Schritt 5:** Falls die Assistentin die Notwendigkeit einer Verhaltensänderung akzeptiert, gehen Sie zu Schritt 6 über. Falls sie dies ablehnt, weisen Sie ihr anhand belegbarer Beispiele ihre Unhöflichkeit nach. Das Ziel der Einsicht Ihrer Mitarbeiterin bleibt vorrangig.
- **Schritt 6:** Vereinbaren Sie mit der Assistentin ein Vorgehen für den Rückfall in alte Verhaltensmuster.

Erst wenn das Feedbackgespräch nicht zum gewünschten Ergebnis führt, ist ein Kritikgespräch nach den Prinzipien der produktiv-konstruktiven Kritik notwendig.

9.7   Aufgabe, Befugnisse und Verantwortung übertragen: das Delegationsgespräch

Hinsichtlich der Delegation von Tätigkeiten bestehen viele Vorurteile. Für einige Mitarbeiter dient sie der Abschiebung unliebsamer Aufgaben. Andere Ärzte wiederum sind der Meinung, die Delegation erfordere besondere Führungskenntnisse. Ein weiteres oft gehörtes Argument ist beispielsweise: »Die Patienten erwarten, dass ich die Beratungsgespräche zu den individuellen Gesundheitsleistungen selbst führe.« Der Arzt befürchtet, in den Augen der Patienten einen Kompetenzverlust zu erleiden und nutzt nicht die Vorteile der Delegierung von Tätigkeiten, die wir Ihnen kurz darlegen wollen:

- **Arbeitsentlastung:** Durch die Übertragung organisatorischer Aufgaben an das Team gewinnt der Arzt mehr Zeit für das Wesentliche: die Behandlung der Patienten. Er kann sich folglich intensiver um die medizinischen Aspekte kümmern.
- **Mitarbeitermotivation:** Die Mitarbeiter empfinden die Übernahme verantwortungsvoller Tätigkeiten als einen Schritt der persönlichen Weiterentwicklung. Sie sind anschließend engagierter: Delegation trägt so zur Entwicklung der Leistungsfähigkeit der Praxis oder Abteilung insgesamt bei.
- **Kommunikation:** Ein gut aufeinander abgestimmtes Praxisteam, in dem die Aufgaben klar verteilt sind, erleichtert das patientenorientierte Verhalten.

Sie benötigen ein professionelles Delegationsverhalten, um diese Vorteile nutzen zu können. Deshalb sollten Sie die vier wichtigsten Delegationsregeln beachten.

Sorgen Sie als erstes dafür, dass Sie neben der Aufgabe auch die Befugnisse zum eigenständigen Handeln sowie die Verantwortung delegieren. Beispielsweise genügt es nicht, der Mitarbeiterin etwa die Aktenverwaltung zu überlassen. Sie muss auch die Befugnis erhalten, die Kommunikation mit den Krankenkassen eigenständig zu führen. Sie trägt selbstverständlich die Verantwortung für den reibungslosen Ablauf der Verwaltungsarbeit. Wenn Sie eine konkrete Aufgabe vollständig übertragen, minimieren Sie die Gefahr der »Rückdelegierung«. In diesem Fall würden Sie die Aufgabe unerledigt auf Ihrem Schreibtisch wiederfinden.

Die zweite Grundregel lautet: Überlegen Sie genau, wem Sie welche Aufgaben nach Bedarf oder dauerhaft übertragen können. Notieren Sie sich die Aufgaben, die nur Sie selbst erledigen können sowie die auch von anderen Mitarbeitern zu bewältigenden Tätigkeiten. Die konkreten Fähigkeiten und der sog. Delegationsreifegrad sind dabei von besonderer Bedeutung. Nicht jede Assistentin ist qualifiziert genug, zusätzliche Arbeiten zu übernehmen. Es könnte sie überfordern. Der neue Auftrag darf sie auch nicht unterfordern, da für sie der Eindruck entstehen könnte, sie wollten nur lästige Aufgaben delegieren.

Die nächste Grundregel betrifft die Kontrollfunktion. Dies meint nicht die permanente Kontrolle im Sinne einer Gängelei. Sie prüfen vielmehr gemeinsam mit der Mitarbeiterin, ob die mit der Delegation verbundenen Zielsetzungen auch tatsächlich erreicht wurden oder ob sie Hilfe benötigt.

W-Aspekte thematisieren

Die vierte und letzte Grundregel betrifft das eigentliche Delegationsgespräch. Nutzen Sie hierzu die Aspekte der W-Fragen, damit die Assistentin den Auftrag eindeutig versteht und nachvollziehen kann. Die Übernahme der Aufgabe, Befugnisse und Verantwortung werden dadurch eindeutig kommuniziert:

- *Was* soll Ihre Mitarbeiterin *warum, wie* und *womit* tun – und bis *wann*?
- *Welche* Kompetenzen übernimmt sie, wie ist die Verantwortung geregelt?
- *Welche* Ziele und Ergebnisse sollen erreicht werden, *welche* Umsetzungsschritte sind geplant und *welche* Kontrolltermine und Feedbackgespräche sind vorgesehen.
- Von *wem* erhält Ihre Assistentin Unterstützung und *welche* Hilfsmittel kann sie nutzen?
- *Warum* ist sie für die neue Tätigkeit besonders geeignet?

Die wichtigsten Delegationsregeln

- Delegieren Sie Aufgaben vollständig und möglichst dauerhaft. Ihre Assistentin erhält die Befugnisse und Kompetenzen zur selbständigen und eigenverantwortlichen Bearbeitung der Aufgabe.
- Stellen Sie fest, welche Aufgaben Sie wem übertragen können, und berücksichtigen Sie dabei den Delegationsreifegrad und die Qualifikationen Ihrer Mitarbeiter.
- Kontrollieren Sie die Aufgabenerfüllung und bieten Sie Hilfestellung an.
- Kommunizieren Sie die Delegationsregeln in einem Einweisungsgespräch.
- Stellen Sie im Delegationsgespräch die Besprechung der W-Aspekte in den Mittelpunkt.

9.8 Verhaltensrelevante Fragen im Einstellungsgespräch

Nach Abschluss eines erfolgreichen Einstellungsgespräches sollten Arbeitsplatzanforderungen und Qualifikationsprofil weitgehend übereinstimmen. Legen Sie zunächst fest, welche Kompetenzen und Qualifikationen notwendig sind, um die freie Stelle optimal auszufüllen. Achten Sie dabei nicht nur auf das fachliche Wissen – das Profil muss fachliche, methodische, soziale und menschliche Komponenten umfassen. Entscheidend sind die Schlüsselqualifikationen, die der Bewerber auf jeden Fall aufweisen sollte. Aus diesen Überlegungen können Sie dann eine Beschreibung des idealen Bewerbers ableiten. Anforderungs- und Qualifikationsprofil bieten ein Raster, mit dem eine relativ zuverlässige Einschätzung vorgenommen werden kann – zuerst der Bewerbungsunterlagen, dann der wirklichen Person im Einstellungsgespräch.

Schriftliche Unterlagen lassen nur eine begrenzte Beurteilung eines Menschen zu. Die Frage, ob er ins Team passt, lässt sich kaum beantworten, seine Persönlichkeit nur unzureichend einschätzen. Aber sie lassen gewisse Deutungen zu: Äußerlichkeiten wie Briefumschlag oder Briefpapier sowie Vollständigkeit der Unterlagen bieten Hinweise auf die Ernsthaftigkeit der Bewerbung. Eine nachlässige Bewerbung kann Ausdruck einer entsprechenden Gesamtpersönlichkeit sein. Die penible Aufbereitung der Unterlagen kann auf eine unsichere Persönlichkeit hinweisen. Entscheidend ist der Gesamteindruck, den die Unterlagen hinterlassen.

Im Einstellungsgespräch soll der Bewerber möglichst viel von sich erzählen. Mittels verhaltensrelevanter Fragen können Sie die Denk- und Handlungsweisen eines Bewerbers einschätzen, etwa: »Wie gehen Sie vor, wenn ein Patient wegen zu langer Wartezeit sehr aufgebracht ist?«. Diese Fragen sollten sich an typischen Situationen Ihrer Praxis oder Klinik orientieren. Sie sollten herausfinden, wie sich der Bewerber in konkreten Situationen verhalten würde. Besondere Bedeutung kommt den Fragen zur Leistungsbereitschaft, zur beruflichen Motivation und den Hobbys zu.

- Welche beruflichen Ziele verfolgen Sie? (*Motivation*)
- Welche Weiterbildungsmaßnahmen wünschen Sie? (*Engagement*)
- Arbeiten Sie lieber allein oder mit anderen zusammen? (*Teamfähigkeit*)
- Wo sehen Sie sich beruflich in 3 oder 5 Jahren? (*Zielorientierung*)
- Welche Stärken haben Sie, welche Schwächen? (*Selbsteinschätzung*)
- Das Telefon klingelt, ein Patient wartet, die Kollegin benötigt dringend eine Information. Wie reagieren Sie? (*Stressverhalten*)
- Sie müssen eigenständig eine schnelle Entscheidung treffen. Wie verhalten Sie sich? (*Entscheidungsverhalten*)

Grundsätzlich gilt im Bewerbungsgespräch: fair bleiben, Respekt zeigen, vorschnelle Kategorisierungen vermeiden, bei Unklarheiten gezielt nachfragen, Tabubereiche meiden und den Bewerber durch aktives Zuhören zum Reden bringen.

9.9 Trennen Sie sich einvernehmlich von Ihrem Mitarbeiter: das Kündigungsgespräch

Leider wird es wahrscheinlich auch in Ihrer Praxis vorkommen, dass Sie sich von Mitarbeitern trennen müssen. Der häufigste Grund für diesen Schritt ist ökonomischer Zwang aufgrund der Gesundheitsreform. Neben den betriebsbedingten kann es zu personenbedingten Kündigungen kommen, etwa wenn ein Mitarbeiter seiner Tätigkeit fachlich nicht gerecht wird oder sich unangemessen verhält.

Zumeist ist eine Trennung mit enttäuschten Hoffnungen verbunden – nicht nur auf Seiten des Mitarbeiters: Sie haben ihn aufgrund seiner Referenzen und des persönlichen Eindrucks eingestellt und müssen sich nun eine Fehleinschätzung eingestehen.

Ärzte sind der emotionalen Belastung eines Kündigungsgesprächs häufig nicht gewachsen, sie verdrängen das anstehende Problem und sprechen die Kündigung zumeist ohne detaillierte Vorbereitung aus. Die Folgen der Kündigung werden selten bedacht: Das Image der Praxis leidet, das Betriebsklima verschlechtert sich, die Kollegen plagen Existenzängste, die leistungsstarken Mitarbeiter denken über einen Arbeitsplatzwechsel nach und es entstehen Gerüchte über eine mögliche Schließung.

Es ist dem Trennungsexperten Laurenz Andrezejewski zu verdanken, dass das häufig fehlerhafte Verhalten im Kündigungsfall selbst bei etablierten Führungskräften aus der Wirtschaft breit diskutiert wird. Seitdem wird viel über Trennungskultur nachgedacht. Trennung statt Kündigung: dabei geht es nicht nur um einen »angenehmer« klingenden Begriff. Kündigung ist ein einseitiger Begriff, die Trennung jedoch findet zwischen zwei Personen statt, deren Umgang von den Geboten der Fairness und des Respekts geprägt sein sollte. Das Menschenbild des Arztes spielt dabei eine große Rolle. Eine positive Grundeinstellung und ein mitarbeiterorientierter Führungsstil helfen Ihnen, den Trennungsprozess einfühlsam zu gestalten.

Sie sollten für die detaillierte Vorbereitung des Trennungsgesprächs folgenden Gesprächsregeln beachten:

- Kein sog. Small talk: Ihr Mitarbeiter hat einen Anspruch darauf, ohne Umschweife den Sachverhalt zu erfahren.
- Begründen Sie die Trennung ehrlich und sachlich, mitfühlend und respektvoll. Nennen Sie zunächst die generellen praxisbedingten und danach die individuellen personenbedingten Gründe.
- Verdeutlichen Sie, dass Sie die Entscheidung nach Abwägung aller Argumente überlegt getroffen haben. Eine Verharmlosung der Situation – etwa: »Sie werden schon schnell etwas anderes finden« – ist kontraproduktiv.
- Im Trennungsgespräch stehen beide Seiten unter hohem emotionalem Stress. Gehen Sie mit Gefühlen wie Angst oder Wut sorgsam um. Versuchen Sie, Ihre Argumente möglichst realitätsbezogen vorzutragen.
- Weisen Sie eine Zukunftsperspektive auf, z. B. indem Sie dem Mitarbeiter eine Fortbildungsmaßnahme empfehlen.
- Vermeiden Sie nebulöse Äußerungen mit einem größeren Interpretationsspielraum, wie beispielsweise »Ich *glaube*, die Klinik muss sich von Ihnen trennen«. Eine direkte Ansprache des Sachverhalts und die Berücksichtung der Situation des Mitarbeiters sind der *richtige* Weg zu einer einvernehmlichen Trennung.

9.10 Kommunikationskultur verbessern: Betriebsklima-Meeting und Erfolgskonferenz

Ein schlechtes Betriebsklima verursacht hohe Kosten durch das abnehmende Leistungsvermögen in einer als unangenehm empfundenen Arbeitsatmosphäre. Die Folgen sind häufig Desinteresse, innere Emigration und Krankheit. Was können Sie tun, um zu einem gesunden Betriebsklima zu gelangen, so dass die Leistungsbereitschaft und Motivation Ihrer Angestellten steigen, Fehlzeiten reduziert werden und eine leistungsorientierte Wettbewerbssituation entsteht, in der die Mitarbeiter miteinander darum konkurrieren, »ihr Bestes« für die Praxis zu leisten?

Der »Wohlfühlfaktor«

Für Ärzte, Krankenschwestern und nichtmedizinische Fachkräfte gilt wie für Arbeitnehmer generell: Sie identifizieren sich mit ihrem Arbeitgeber, mit der Klinik oder Praxis, wenn sie sich an ihrem Arbeitsplatz wohl fühlen. Psychologische Aspekte spielen für das Betriebsklima eine wichtige Rolle, kann es doch definiert werden als die Art und Qualität der atmosphärischen Stimmung zwischen den Mitarbeitern und Führungskräften eines Unternehmens – in diesem Fall also einer Klinik oder Praxis. Das Betriebsklima hat in erster Linie mit dem subjektiven Wohlbefinden der Mitarbeiter und Leitungskräfte zu tun. Die Ansammlung zahlreicher glücklicher Menschen allein reicht nicht aus. Zufriedene Individuen können die Folge einzelner Maßnahmen, wie etwa materieller Anreize, sein.

Der Trainer und Unternehmensberater Reinhardt Biffar spricht im Zusammenhang mit einem angenehmen Betriebsklima von einem »kollektiven Wohlbefinden« und einer »Veranstaltung auf Gegenseitigkeit«: Die Belegschaft als Ganzes muss sich wohl fühlen – und für dieses »kollektive Wohlbefinden« seien alle gleichermaßen mitverantwortlich, natürlich vor allem die Führungskräfte.

Was können Sie tun, um Ihrer Verantwortung für ein angenehmes Betriebsklima gerecht zu werden? Zunächst einmal sollten Sie das Betriebsklima nicht zur Steuerung der Mitarbeiter instrumentalisieren. Schaffen Sie vielmehr die Voraussetzungen einer motivierenden Stimmung unter Ihren Mitarbeitern. Ein Betriebsklima muss sich entwickeln und Prozesse in Gang setzen, die sich gegenseitig verstärken. Ein »sonniges« Betriebsklima erhöht den Willen zum Engagement und zur Leistung und damit die Produktivität einer Klinik. Dies kommt jedem Mitarbeiter zugute und potenziert dadurch die Wirkung. Nehmen Sie sich des Betriebsklimas als Führungsaufgabe an, damit – um sinnbildlich im meteorologischen Bereich zu verweilen – keine Gewitterwolken aufziehen und die Stimmung verhageln.

Erfolgsregeln für ein angenehmes Betriebsklima

Wann sprechen Mitarbeiter von einem schlechten, wann von einem guten Betriebsklima? Die Meinungen sind subjektiv gefärbt. Befragen Sie dazu Ihre Mitarbeiter, am besten schriftlich und anonym. Durch dieses Meinungsbild können Sie feststellen – wieder als meteorologische Metapher –, welche Merkmale Ihre Mitarbeiter dem gewittrigen, welche Eigenschaften dem heiteren Betriebsklima zuordnen sowie die Aktivitäten zur Klimaverbesserung darauf abstimmen. Nach von den Betriebskrankenkassen in Auftrag gegebenen Untersuchungen sind die wichtigsten Merkmale eines guten Betriebsklimas:

- Teamgeist innerhalb der Belegschaft
- Möglichkeit zum selbständigen Arbeiten

- Kooperationsbereitschaft von Kollegen
- Anerkennung durch Vorgesetzte
- Beteiligung an Entscheidungen

Ein schlechtes Betriebsklima setzen Mitarbeiter häufig gleich mit:

- Intrigen unter Kollegen
- Anschwärzen beim Chef
- Angst um den Arbeitsplatz
- Faule Kollegen
- Fehlende Anerkennung durch den Vorgesetzten

Wie bereits erwähnt, sind Ihr Führungsstil und Ihre Kommunikationskompetenz mitverantwortlich für das Betriebsklima. Die Basis bildet der menschliche Umgang der Mitarbeiter untereinander sowie zu ihren Vorgesetzten. Führungskräfte denken leider noch häufig bei Symptomen einer Klimaverschlechterung daran, die äußeren Arbeitsplatzbedingungen zu verändern, etwa den Aufenthaltsraum neu gestalten zu lassen. Sie verkennen dabei die Tatsache, dass ihr Führungsstil und ihr Umgang mit den Mitarbeitern einen viel größeren Einfluss auf das Betriebsklima haben als teure Sachinvestitionen. Viele Mitarbeiter fühlen sich angesichts ungerechtfertigter Kritik, die zuweilen sogar in der Anwesenheit der Kollegen vorgebracht wird, mehr düpiert als durch die alte Kaffeemaschine und ergonomisch unzureichendes Mobiliar. Natürlich gehört auch die Optimierung der äußeren Arbeitsplatzbedingungen zur Arbeitszufriedenheit – aber dies ist nur ein Aspekt und beileibe nicht der wichtigste. Ihre Einstellung zu Ihren Mitarbeitern und die daraus resultierenden Handlungen sind entscheidender, etwa eine freundliche Begrüßung am Morgen und die Zauberworte »Bitte« und »Danke schön«. Wenn Sie diese Einstellung überzeugend »leben«, kommt z. B. ein Lob authentisch und glaubwürdig bei Ihren Mitarbeitern an.

Es ist von besonderer Bedeutung, ein gestörtes Betriebsklima möglichst früh zu erkennen, um rechtzeitig intervenieren zu können.

Ein Orthopäde berichtete uns beispielhaft in einem unserer Kurse, dass seine Assistentinnen immer wieder hinter vorgehaltener Hand tuschelten und Gerüchte kolportierten. Jeder schien nur Dienst nach Vorschrift zu tun und wichtige Informationen zurückzuhalten. Die Mitarbeiterinnen hatten Fraktionen gebildet, die Kommunikation miteinander war auf ein Minimum reduziert.

Weitere Symptome eines schlechten Betriebsklimas sind eine angespannte Atmosphäre in Teamsitzungen und die mangelnde Bereitschaft der Mitarbeiter, Verantwortung zu übernehmen. Sollten Sie diese Anzeichen in Ihrer Praxis oder Klinik feststellen, müssen Sie so rasch wie möglich die Ursachen erforschen und Ihre Beobachtungen im Mitarbeiterkreis oder in Einzelgesprächen thematisieren.

Eine offene Kommunikationskultur fördert ein gesundes Betriebsklima. Daher sollten Sie:

- Das Selbstwertgefühl der Mitarbeiter achten, vor allem in Konfliktsituationen. Der menschliche Umgang miteinander bildet das Fundament für das Wohlbefinden in der Praxis.
- Konflikte zwischen Mitarbeitern untereinander, aber auch zwischen Mitarbeitern und Ihnen, sofort ansprechen.
- Fordern und fördern: Die meisten Mitarbeiter wünschen Herausforderungen und wollen spüren, dass sie gebraucht werden. Fordern Sie also Leistung ein und fördern Sie gleichzeitig Ihre Mitarbeiter, indem Sie Leistungen anerkennen und belohnen.

Übrigens: Auch Tratsch und Klatsch tragen zum guten Betriebsklima bei. Diese provokante Aussage gilt natürlich nur, wenn es Ihnen gelingt, den Austausch fundierter Informationen zu institutionalisieren. Dies erreichen Sie durch offene Kommunikationswege, etwa durch die Gründung eines offiziellen »Stammtisches«. Diesen können die Mitarbeiter sogar in der Praxis selbst und während der Arbeitszeit abhalten. Es kommt bei solchen Gelegenheiten auch zum durchaus nützlichen informellen Austausch. Klatsch wirkt dann positiv, wenn so die heimliche Weitergabe von Gerüchten verhindert wird und Dinge kommuniziert werden, die sich ansonsten hinter vorgehaltener Hand Bahn gebrochen und das Betriebsklima vergiftet hätten.

Betriebsklima-Meeting und Erfolgskonferenz

Ein ungewöhnlicher Weg, das Gespräch über den Stand des Betriebsklimas zwischen den Mitarbeitern zu fördern, ist das »Betriebsklima-Meeting«. In diesem diskutieren Sie mit den Mitarbeitern zuerst bisherige Maßnahmen zur Optimierung des Betriebsklimas. Anschließend bitten Sie Ihre Mitarbeiter, eigene Verbesserungsvorschläge vorzutragen. Jeder im gemeinsamen Arbeitsumfeld Tätige kann und soll einen wertvollen Beitrag zur Verbesserung des Betriebsklimas leisten.

Des Weiteren steht die Festlegung von Verhaltensregeln auf der Agenda: Wie möchte man in Zukunft miteinander umgehen und was kann jeder Einzelne tun, um zu einer besseren Zusammenarbeit zu gelangen?

In diesem »Betriebsklima-Meeting« wird klar, dass das Betriebsklima nicht die Folge eines Naturgesetzes ist. Seine Träger und Verursacher sind die in der jeweiligen Klinik und Praxis arbeitenden Personen.

Ein weiterer Vorschlag von uns: In Zeiten wirtschaftlicher Anspannung sind Krisengespräche keine Seltenheit. Das kann zu einem Klima der Angst und Depression führen und damit zu einer Verschlechterung des Betriebsklimas. Trotz der Berechtigung dieser Gesprächsrunden sollten Sie einmal einen Kontrapunkt setzen und eine »Erfolgskonferenz« installieren. Dabei geht es nicht um ein plattes positives Denken unter Aussparung der Realität. Ziel der Erfolgskon-

ferenz ist das Herausstellen von innerhalb der letzten Zeit sehr gut funktionierenden Handlungsabläufen. Jeder Teilnehmer wird im Vorfeld der Konferenz gebeten, einen kurzen Erfahrungsbericht vorzubereiten, um dann innerhalb der Erfolgskonferenz von diesen ermutigenden Erlebnissen zu berichten. Sie übernehmen die Rolle des Konferenzleiters und protokollieren eine Zusammenfassung der Berichte auf Flipchart oder Pinnwand.

Anschließend werden die dargelegten Details vom Plenum unter folgendem Aspekt diskutiert: »Kann ich die Erfahrungen des Kollegen für meine eigene Tätigkeit nutzen, sind seine Erfahrungen auf meinen Bereich übertragbar?«. Die Erfolgskonferenz bietet einige Vorteile:

- Ihr gesamtes Team wird auf die fördernden und ermutigenden Ereignisse in der Praxis fokussiert.
- Die Erfolgskonferenz ist geeignet, den Glauben Ihrer Mitarbeiter an sich selbst und die eigenen Fähigkeiten zu stärken.
- Es entsteht ein Lerneffekt, weil jeder Mitarbeiter von den erfolgsfördernden Erlebnissen der anderen Konferenzteilnehmer profitieren kann.

Kommunikative Maßnahmen zur Verbesserung des Betriebsklimas

- Das Betriebsklima hängt ganz entscheidend von Ihren Führungskompetenzen ab.
- Sorgen Sie für eine offene Kommunikationskultur.
- Planen Sie regelmäßig ein Betriebsklima-Meeting.
- Die Erfolgskonferenz dient dazu, die erfolgsfördernden und ermutigenden Ereignisse in den Vordergrund zu rücken, die in Ihrer Praxis in der Vergangenheit geschehen sind.

> **📖 Nehmen Sie sich Zeit zum Nachdenken**
>
> Sie haben eine Vielzahl an kommunikativen Situationen kennen gelernt, die bei der Mitarbeiterführung eine Rolle spielen. Bitte nehmen Sie ihr persönliches Strategieheft zur Hand und überlegen Sie sich zu jeder der Gesprächssituationen, welche unserer Tipps Sie in Ihrer Praxis anwenden können. Welche Umsetzungsschritte sind notwendig, welche organisatorischen Vorbereitungen und welche Besonderheiten müssen Sie berücksichtigen?

Zur besseren Orientierung hier noch einmal die Gesprächssituationen:

- Zielvereinbarungsgespräch
- Beurteilungsgespräch
- Unterstützungsgespräch
- Motivationsgespräch
- Kritikgespräch
- Feedbackgespräch
- Delegationsgespräch
- Einstellungsgespräch
- Kündigungsgespräch
- Betriebsklima-Meeting und Erfolgskonferenz

Zur optimalen Vorbereitung eines Mitarbeitergespräches kann eine Mitarbeiterkarteikarte hilfreich sein, in der Sie alle wichtigen Angaben zum jeweiligen Mitarbeiter notieren: Angaben zur Person, Stabilität/Instabilität des Selbstwertgefühls, Umgang mit Kritik, Konfliktverhalten, Kommunikationsverhalten, Verhalten in kritischen und

stressreichen Situationen. Aber auch ausgesuchte Informationen zum Privatleben gehören dazu. Diese Karte bildet die Grundlage, den Mitarbeiter personen- und situationsorientiert zu führen. Eine solche Mitarbeiterkarteikarte kann folgendermaßen angelegt werden (◼ Tab. 9.1):

◼ **Tab. 9.1.** Beispiel für eine Mitarbeiterkarteikarte

Mitarbeiterkarteikarte	Notizen
Name und Position:	
Angaben zur Person: (Geburtstag, Hobbys etc.):	
Selbstwertgefühl:	
Kritikverhalten, Umgang mit Kritik:	
Kommunikationsverhalten:	
Verhalten in Stresssituationen:	
Wahrscheinliches Verhalten in Gesprächssituation:	

Meine wichtigsten Erkenntnisse:

____

____

____

____

____

____

____

____

____

____

____

____

____

So setze ich das Gelesene um:

____

____

____

____

____

____

____

____

____

____

____

____

____

Der Arzt als Coach seiner Mitarbeiter

»Was wir wissen, ist ein Tropfen, was wir nicht wissen, ein Ozean.« Isaac Newton

Wir empfehlen Ärzten und nichtmedizinischen Leitungskräften einen mitarbeiterorientierten Kommunikations- und Führungsstil. Die wichtigsten Prinzipien haben Sie bereits kennen gelernt. Wer seine Mitarbeiter komplex führen möchte, muss mit ihnen auch persönliche und private Aspekte besprechen. Dies ist im normalen Klinikalltag selten möglich. Wenn etwa eine Assistentin kurz vor der inneren Emigration steht, genügt im Mitarbeitergespräch nicht, ausschließlich berufliche Aspekte zu thematisieren.

Der Ansatz »Der Arzt als Coach seiner Mitarbeiter« eröffnet Ihnen die Chance, zu Ihren Mitarbeitern ein Vertrauensverhältnis aufzubauen. Dadurch können Sie im Coaching auch persönliche Dinge in den Mittelpunkt rücken.

10.1   Coachingansatz

»Coaching« ist ein Sammelbegriff, der eine Vielzahl verschiedener Führungsansätze vereinigt. Deswegen muss sich »Coaching« oft den Vorwurf gefallen lassen, über kein klar umrissenes und verbindliches Konzept zu verfügen. Sie kennen den populärwissenschaftlichen Satz zur Beschreibung einer nicht-evidenzbasierten Therapie: »Wer heilt, hat recht«. Auf unseren Bereich übertragen könnte man formulieren: »Was hilft, ist gut!«

Es ist unbestritten, dass diese Beratungsform gerade in der Mitarbeiterführung zu nachweisbaren Erfolgen führt. Die Stärke des Coachings liegt in der besonderen Beziehung, die zwischen Coach und Coachee entsteht – in diesem Fall zwischen dem Mitarbeiter (Coachee) und Ihnen (Coach). Vorrausetzung und gleichzeitig integraler Bestandteil des Coachings ist ein sich entwickelndes Vertrauensverhältnis zwischen den Beteiligten. Nur dadurch ist der Coachee bereit,

seine Verhaltenskompetenz und Persönlichkeitsentwicklung mit dem Coach zu besprechen.

Die wesentlichen Merkmale eines Coachings sind Individualität, Freiwilligkeit, Gleichrangigkeit und Vertraulichkeit. Ziel ist die individuelle und effektive Förderung der Mitarbeiter. Coaching ist eine sehr individuelle Beratung mit dem Ziel, dass der Mitarbeiter seine Rolle in Praxis oder Klinik insgesamt erfolgreicher und eigenständiger ausfüllt. Diese kann exakt auf die individuellen klinikinternen und persönlichen Bedürfnisse des Coachees zugeschnitten werden. Im Coaching lernt der Mitarbeiter direkt in einer Eins-zu-eins-Situation von Ihnen und setzt das Gelernte mit Ihrer Unterstützung sofort um. Sie treten dabei nicht als überlegene Führungskraft auf, die dem Mitarbeiter eine vorgefertigte Lösung präsentiert. Sie begleiten ihn vielmehr als Ratgeber, Unterstützer und Förderer auf dem Weg zu seinem selbstgesteckten Ziel. Sie helfen dem Mitarbeiter mit Hilfe Ihrer Erfahrung und Ihren Kenntnissen, seine Ressourcen besser auszuschöpfen. Es entscheidet letztendlich Ihr Mitarbeiter selbst, ob er den vorgeschlagenen und gemeinsam mit Ihnen erarbeiteten Weg tatsächlich beschreiten will. Zusammengefasst kann man formulieren: Der Wille zur Veränderung muss immer von Ihrem Mitarbeiter ausgehen, Sie als Coach stehen ihm unterstützend als Gesprächspartner und Korrektiv zur Seite.

Möglichen Rollenkonflikt bedenken

Die auf Vertrauen beruhende Beziehung zwischen dem Mitarbeiter und dem Coach bildet das Fundament des Coachingprozesses – und macht gleichzeitig die besonderen Stärken und die spezifische Problematik des Mitarbeitercoachings aus. Coaching zielt auf konkrete Verbesserungen am Arbeitsplatz. Die räumliche und zeitliche Nähe zwischen Coachee, Arbeitsplatz und Coach bieten den idealen Nährboden für ein punktgenaues Coaching-on-the-job – dies sind die besonderen Stärken.

Andererseits sind Sie nun nicht allein Vorgesetzter, für den primär die Leistungserbringung und die Erledigung von Aufgaben von Bedeutung sind. Als Coach sind Sie zudem verstehender Partner, motivierender Förderer oder gar Freund des Mitarbeiters. Sie streben gemeinsam einen Veränderungsprozess im Verhalten an, der die persönliche und private Sphäre berührt. Diese Ambivalenz kann bei Ihnen zu einem Rollenkonflikt führen. Der Mitarbeiter muss ebenfalls zum Chef eine vertrauensvolle Beziehung aufbauen können und diese Partnerschaft nicht ausnutzen.

> **⌦ Nehmen Sie sich Zeit zum Nachdenken**
>
> Bevor Sie sich entscheiden, zum Coach Ihrer Mitarbeiter zu werden, sollten Sie klären, ob Sie von Ihrer Einstellung her dazu geeignet sind. Sind Sie in der Lage, Ihren Coachee als gleichberechtigten Partner zu betrachten, sich im Coachingprozess als Vorgesetzter zurückzunehmen und die Rollentrennung zwischen Leitungskraft und Coach zu leisten? Sollte Ihnen dies nicht möglich sein, können Sie einen externen Coach engagieren. Falls Sie jedoch fähig und bereit sind, sich in einen anderen Menschen hineinzuversetzen und eine Angelegenheit aus einer anderen Perspektive als der gewohnten zu betrachten, wenn Sie einen partnerorientierten und kooperativen Führungsstil pflegen, ist die Wahrscheinlichkeit des erfolgreichen Coachings groß.
>
> Bitte notieren Sei Ihre Überlegungen in Ihrem persönlichen Strategieheft.

10.2 Individuelles Mitarbeitercoaching in acht Schritten

Die Klärung der genannten grundsätzlichen Aspekte gehört in die Vorbereitungsphase des Mitarbeitercoachings. Das Coaching selbst sollten Sie in acht Schritten verwirklichen:

Schritt 1: Vorbereitung

In einem ersten Gespräch werden die Grundlagen für den Coachingprozess gelegt. Gemeinsam klären Sie und der Mitarbeiter den konkreten Anlass für das Coaching. Überprüfen Sie die Meinung beider Parteien, ob ein individuelles Mitarbeitercoaching der geeignete Weg für die Bedürfnisse des Mitarbeiters ist. Ihr Mitarbeiter muss sich freiwillig dazu entscheiden und seine Zustimmung geben.

Nehmen wir als Beispiel Ihre Assistentin an der Rezeption der Praxis. Sie verfügt über ausgeprägte kommunikative Fähigkeiten. Ihr fällt es daher leicht, mit den Patienten ein Vertrauensverhältnis aufzubauen. Aber Sie möchte ihre Beratungskompetenz verbessern und entsprechende Qualifikationen erwerben. Andererseits möchte sie ihre Angst vor Entscheidungen bekämpfen.

Ebenso ist ein Mitarbeitercoaching sinnvoll, wenn ein neuer Mitarbeiter sich in der Einarbeitungszeit befindet, eine neue verantwortungsvolle Aufgabe übernimmt oder im Rahmen einer zukunftsorientierten Personalentwicklung weiterqualifiziert werden soll.

Klären Sie in der Vorbereitungsphase die Erwartungen der Beteiligten in den Coachingprozess ab. Bereits jetzt entscheidet sich, ob der Aufbau eines Vertrauensverhältnisses möglich ist. Betonen Sie, dass die Problemlösung nicht das sofortige Ziel sein kann. Sie wollen Ihren Coachee bei einem von ihm beabsichtigten Entwicklingsprozess unterstützen.

Schritt 2: Regeln

Anschließend formulieren Sie gemeinsam die Prämissen des Coachingprozesses und definieren mithin die konkreten Regeln. Dies beinhaltet den offenen Umgang miteinander, den Charakter der gleichberechtigten Partnerschaft sowie eine Übereinkunft über die Weitergabe privater Informationen. Eventuell ist es sinnvoll, diese Spielregeln schriftlich in einer »Coachingvereinbarung« niederzulegen.

Schritt 3: Analyse und Diagnose

Sammeln Sie nun alle verfügbaren Informationen zu Ihrem Coachee und zum Coachinganlass im Gespräch mit ihm oder in Gesprächen mit Ihren anderen Mitarbeitern. Führen Sie zudem eine Stärken- und Schwächenanalyse durch. Dabei können Sie Analyseinstrumente wie Checklisten, Fragebögen und Tests einsetzen. Die zeitintensivste, aber zugleich effektivste Methode besteht in der Begleitung des Mitarbeiters am Arbeitsplatz. Dort lernen Sie Ihren Coachee bei der täglichen Arbeit kennen und verschaffen sich einen Überblick über die Fähigkeiten und Verhaltensweisen.

Nach der Analysephase resümieren Sie mit dem Coachee, welche seiner Fähigkeiten verbesserungsbedürftig sind und welche seiner Stärken ausgebaut werden sollen.

Schritt 4: Ziele

Sie verfügen nun über alle Informationen, um im nächsten Schritt die konkreten Ziele des Coachingprozesses festzulegen.

Schritt 5: Konkrete Maßnahmen

In dieser Phase legen Sie mit dem Mitarbeiter die konkreten Coachingaktionen fest, mit Hilfe derer Sie die Ziele erreichen. Im Mittelpunkt stehen das Einzelgespräch und wiederum die Begleitung-on-the-job. Potenziale des Coachees im fachlichen oder im Motivationsbereich sowie Verhaltensunsicherheiten werden in einer Coachingsitzung bearbeitet. Sie geben der Assistentin im Einzelgespräch Ihre Erfahrungen weiter, vermitteln ihr bestimmte Fertigkeiten oder arbeiten an ihrer Einstellung zum Patienten. Die Fertigkeiten der Assistentin werden gezielt und sehr konkret verbessert, wie beispielsweise bei der Anwendung von Fragetechnik im Patientengespräch. Nach der theoretischen Unterweisung folgt die Unterstützung bei der praktischen Umsetzung, also die Begleitung des Coachees an den Arbeitsplatz.

Schritt 6: Coachingstil

Entscheiden Sie sich, welchen Coachingstil Sie anwenden. Ihre Entscheidung wird beeinflusst durch die Persönlichkeitsstruktur und die bisherige Entwicklung der Assistentin:

- Sind ihre fachlichen Qualifikationen gut entwickelt, mangelt es aber am Engagement, benötigt sie genaue Anweisungen. Sie coachen dann vor allem durch Unterweisung und Ergebniskontrolle sowie Visionen und Ziele.
- Fehlt es der Assistentin hingegen an Kompetenz und ihr Engagement ist ausgeprägt, besteht die Herausforderung für Sie darin, sie einfühlsam zu lenken und zu motivieren. Sie leiten sie an und beobachten, ob der Coachee die Herausforderung selbständig bewältigt.
- Leidet die Assistentin hingegen unter Selbstzweifeln, ist sie unsicher wegen ihres schwach entwickelten Selbstbewusstseins, ihre fachlichen Fähigkeiten aber sind hervorragend, dann unterstützen, bestärken und ermutigen Sie Ihren Coachee zur selbstbewussteren Fortsetzung des eingeschlagenen Weges.

Schritt 7: Permanente Feedbackgespräche

Die Bedeutung der begleitenden Rückkopplungsgespräche für den Erfolg des Mitarbeitercoachings kann gar nicht genug betont werden. In diesen regelmäßigen Gesprächen rekapitulieren Sie mit dem Coachee den bisherigen Verlauf, überprüfen den Erfolg der Maßnahmen, besprechen positive wie negative Aspekte und fokussieren insbesondere auf die Entwicklung des Vertrauensverhältnisses und überprüfen ebenso, ob Ziele eventuell revidiert werden müssen. Dies bezeichnet man als die sog. »Metakommunikation«.

Schritt 8: Abschlussgespräch

Sobald Coachee und Coach die Ziele des Coachingprozesses als erreicht betrachten, findet ein resümierendes Gespräch zwischen beiden statt.

Ihre Aufgaben als Coach Ihrer Mitarbeiter

- Der Ansatz »Der Arzt als Coach seine Mitarbeiter« erlaubt es Ihnen, im Mitarbeitergespräch neben fachlichen Aspekten auch Themen der Verhaltensebene und der Ebene der Persönlichkeitsentwicklung des Mitarbeiters anzusprechen.
- Mitarbeitercoaching setzt ein tiefes Vertrauensverhältnis zwischen Mitarbeiter und Leitungskraft voraus.
- Mitarbeitercoaching läuft in acht Schritten ab:
  1. Vorbereitung
  2. Regeln formulieren
  3. Analyse und Diagnose
  4. Ziel formulieren
  5. Maßnahmen planen und durchführen
  6. Sich für einen Coachingstil entscheiden
  7. Permanente Rückkopplungsgespräche
  8. Abschlussgespräch

Nehmen Sie sich Zeit zum Nachdenken

Bitte notieren Sie in Ihrem persönlichen Strategieheft, mit welchem Ihrer Mitarbeiter Sie ein Coaching durchführen wollen. Planen Sie den Coachingprozess mit Hilfe der acht erwähnten Schritte.

Meine wichtigsten Erkenntnisse:

So setze ich das Gelesene um:

Literatur

Adler R, Hemmeler W (1992) Anamnese und Körperuntersuchung, 3. Aufl. Urban & Fischer, München

Biffar R (1993) Kein Hauch von Kleinkrieg. In: Der Karriereberater: Kriegsschauplatz Büro. VBU, Bonn

Degenhard J (2001) Psychogramm einer Chefarztvisite. Dt Ärztebl 98: A 3102–3105 [Heft 47]

Eiff W von (2000) Führung und Motivation in Krankenhäusern. Kohlhammer, Stuttgart (http://www.esserpersonalkonzept.de/htdocs/0304_userstimmen.html)

Fabry G (2004) Vorlesung Medizinische Psychologie am 13.12.2004 (http://www.medizinische-psychologie.de)

Fisher R, Ury W et al. (eds) (2000) Das Harvard-Konzept. Sachgerecht verhandeln. Campus, Frankfurt New York

Folha de S. Paulo. Um Jornal a serviço do Brasil (http://www1.folha.uol.com.br)

Geisler L (2002) Arzt und Patient, Begegnung im Gespräch, 4. Aufl. PMI, Frankfurt/Main

Geißner H (1978) Rhetorik, 4. Auflage. Bayrischer Schulbuch-Verlag, München. S 123–125

Gottschlich M (1998) Sprachloses Leid. Wege zu einer kommunikativen Medizin. Die heilsame Kraft des Wortes. Springer, Wien New York

Grimm J und W (1854–1960) Deutsches Wörterbuch, 16 Bde. [in 32 Teilbänden]. S. Hirzel, Leipzig. Quellenverzeichnis 1971, Bd 1, Spalten 1602–1618, Bd 1, Spalten 1603–1620

Kaplan S, Kotler P, Mintzberg H et al. (2003) Campus Management, 2 Bde. Campus, Frankfurt New York

Kutscher PP (2002) Stimmtraining … und plötzlich hört dir jeder zu! Gabal, Offenbach

Kutscher, PP (2003) Lust auf Resonanz. Die Stimme – das wirksamste Mittel der Rhetorik. In: Rosewich E (Hrsg) Mehr Lust auf Leistung. Gabal, Offenbach

Kutscher PP (2005) Der Ton macht die Musik. Gabal, Offenbach (Reihe: 30 Minuten – Von den Besten profitieren)

Kutscher PP: 7 3 8 5 5 – Was bedeutet diese Zahl? (Vortrag, bislang unpubliziert)

Langewitz W (2002) Kommunikation zwischen Arzt und Patient: Die ersten zwei Minuten dem Patienten (http://www.medical-tribune.ch/deutsch/praxisoekonomie/marketing1.php)

Lavater Johann Kaspar (1984) Physiognomische Fragmente zur Beförderung der Menschenkenntnis und Menschenliebe. Reclam, Stuttgart

Lown B (2004) Die verlorene Kunst des Heilens. Anleitung zum Umdenken, 5. Auflage. Suhrkamp, Frankfurt

Mehrabian A, Ferris S (1967) Inference of attitude from nonverbal communication in two channels. The Journal of Counselling Psychology 31. S 248–252

Niermeyer R (2001) Coaching – sich und andere zum Erfolg führen. 2. Auflage, Haufe, München

Scheelen FM (2005) Menschenkenntnis auf einen Blick. 4. Auflage, Moderne Verlagsgesellschaft, Landsberg am Lech

Seßler H (1997) Der Beziehungs-Manager. Korter, Mannheim

Seßler H, Kanders D (1999) Die Dentalberaterin. Therapiesichernde Beratung in der täglichen Praxis. Synergethik, Georgsmarienhütte

Seßler H (2003) 30 Minuten für aktives Beziehungsmanagement. Gabal, Offenbach

Seßler H (2003) Die Verkaufspille. 7 Vitamine zum Verkaufserfolg. INtem Media, Mannheim

Watzlawick P (2003) Wie wirklich ist die Wirklichkeit? Wahn, Täuschung, Verstehen. Piper, München

Weisinger H (1991) Kreative Kritik. Heyne, München